Ioannes Gildemeister

Esdrae Liber Quartus Arabice E Codice Vaticano Nunc Primum Editus

Ioannes Gildemeister

Esdrae Liber Quartus Arabice E Codice Vaticano Nunc Primum Editus

ISBN/EAN: 9783743493353

Hergestellt in Europa, USA, Kanada, Australien, Japan

Cover: Foto ©Lupo / pixelio.de

Manufactured and distributed by brebook publishing software
(www.brebook.com)

Ioannes Gildemeister

Esdrae Liber Quartus Arabice E Codice Vaticano Nunc Primum Editus

ESDRAE LIBER QVARTVS

ARABICE.

E CODICE VATICANO

NVNC PRIMVM EDIDIT

IOANNES GILDEMEISTER

THEOL. ET PHIL. DR. LITT. ORIENT. IN VNIV. BONNENSI
P. P. O.

BONNAE 1877.
APVD ADOLPHVM MARCVM.

VNIVERSITATI EBERHARDINAE CAROLINAE TVBINGENSI

SAECVLARIVM QVARTORVM
DIEM FESTVM
D. IX AVG. A. MDCCCLXXVII

GRATVLATVR

VNIVERSITAS FRIDERICIA GVILELMIA RHENANA.

ADIECTVS EST
ESDRAE LIBER QVARTVS
ARABICE
E CODICE VATICANO NVNC PRIMVM EDITVS.

BONNAE.
FORMIS ACADEMICIS CAROLI GEORGI.

VNIVERSITATIS BONNENSIS
RECTOR ET SENATVS

VNIVERSITATIS TVBINGENSIS
RECTORI MAGNIFICO ET PROFESSORIBVS
S.

Quae de saecularibus apud Vos, Viri Doctissimi Perillustres, solemniter agendis nobis significastis, laetissimo accepimus animo. Incluta universitas Eberhardina Carolina, eo tempore, quo novus rerum ordo nascebatur, imprimis vero liberales disciplinae ingenuaeque artes post diutinum languorem nova incrementa ceperunt, a magnanimo conditore 'ad exstinguendam dementiam et caecitatem humanam' olim instituta, per saecula mutationum et discriminum omne genus plena munus sibi ab illo impositum constanter tenuit, quod quam prospere successerit in omnium memoria est. Semper bonarum artium et severae disciplinae sedes et arx fuit. Perpetua ac splendida eam ornavit corona virorum merentissimorum, qui summa sibi humanitatis bona concredita servare excolere augere et doctrina sua suoque exemplo studiosorum adolescentium pectora ad scientiae amorem verique indagandi cupiditatem incendere nunquam desierunt. Ei debetur, quod vix ulla regio feracior, quam Suevica Vestra, fuit virorum doctissimorum copia et abundantia, qui non apud penates solum, sed per reliquam Germaniam et ultra litterarum semina feliciter iecerunt. Iam, dum alias hebescere solet senectus, post exacta quatuor saecula factum est, ut academia Vestra nullo tempore magis iuvenili robore viguerit, magistrorum celebritate et auctoritate valuerit, discipulorum frequentia claruerit. Atque cum ea sit universitatum per Germaniam nostram sparsarum indoles et necessitudo, ut sororio vinculo iunctis iustae quidem aemulationis neque tamen invidiae locus sit — nam omnino non florent litterae, si uno tantum vel paucis locis florere eis permittitur — Vobis gloriam iam pridem partam, praesentem prosperitatem, faustum novi temporis aditum sincera fide gratulamur. Huius nostri erga Vos animi coram testandi interpretes ad Vos legamus collegas coniunctissimos GUILELMUM MANGOLD, Th. D. et P. P. O., universitatis nostrae hoc anno rectorem, et IOANNEM GILDEMEISTER, Th. et Ph. D., litterarum orientalium P. P. O., quem etiam, ut solemnis mos fert, edito aliquo scripto Vos salutare iussimus. Vos autem, Viri Doctissimi Perillustres, integerrima quae pro Vestra salute et incolumitate nuncupamus vota benevole excipite nobisque favere pergite. Dabamus ipsis Kal. Aug. anni MDCCCLXXVII.

Ex quo, cuius rei gloria inter omnes maxime illustri Tubingensium universitati debetur, nostro tempore exorientis religionis Christianae saecula sapientius et prosperius pervestigata sunt, multi libri tenuissime olim aestimati novam dignitatem obtinuerunt et accuratae et subtilis scrutationis occasionem praebuerunt. Quibus annumerandus etiam ille est, quem Graeci antiquiores Esdram prophetam, alii imprimis orientales primum Esdrae librum, Latini plerumque quartum nominabant, in qua appellatione commode acquiescet, qui inducto novo nomine confusionem in afferendis locis capitumque et versuum numeris iam usu receptis augere nolet. Latine ille liber postquam primum a Guttenbergio ante annum 1456 e codice recentissimo et corruptissimo foras datus, deinde per quatuor fere saecula eadem verborum forma parum perspicua saepissime in bibliorum editionibus repetitus est, neglectus iacuit, a paucis curatus neque ab his recte intellectus, apud antiquiores somnia alens, apud recentiores demum ad apocalypsin illustrandam interdum adhibitus. Sed, quod ante omnia fieri debebat, depravatae orationis sanandae remedia quaerere neglectum fere est. Ineunte quidem saeculo superiori Arabs interpres alter Anglice prodiit et mox antiqui codicis Sangermanensis lectiones obiter vulgatae sunt, tum centum annis post Aethiopica translatio lucem vidit, at tria vix lustra praeterierunt, ex quo acriter nova verborum emendandorum subsidia conquisita et libri in pristinum nitorem restituendi pericula facta sunt. Editi sunt Arabici interpretes duo, integer alter, alter qualis in codice Oxoniensi curtatus et contractus legitur, tum inventa est translatio vetus Syriaca et publico usui reddita Armenia, incompta quidem illa et intellectu difficilis, correcta Aethiopica et nuperrime tandem caput quod hucusque apud Latinos desiderabatur oblivioni saeculorumque ruderibus feliciter ereptum est et fundamenta iacta sunt editionis Latinae ad praecepta artis adornandae nec praepropero studio ad hunc illumve quem fors obtulit deterioris indolis codicem parandae.

Unum adhuc edendum restat ex eis, quae nota sunt, monumentum criticum, integrum dico Arabis alterius opus, cuius excerpta Bodleiana per EWALDUM innotuerunt. Servatum est in codice Vaticano Ar. 462 (v), ab Assemanio apud Maium Vett. Script. N. Coll. IV 522 recensito, qui saeculo decimo quarto ab homine indocto nitida manu scriptus esse perhibetur et incipit a verbis العزير قال عزره الذي يدعوه النبي انلى عزره كتاب *Liber Ezrae prophetae, quem 'Uzair nominant. Dixit Ezrah qui et 'Uzair.* Eius exemplo utor, quod mihi anno 1865 paravit Matth. Sciahuan شهوان Maronita, linguae Arabicae in collegio Propagandae professor. Codicis conditio haud optima est; derivatus fuit ex antiquiore, calamo veloci haud semper perspicue exarato et punctis diacriticis plerumque ut videtur destituto. Ita factum est, ut librarius litterarum ductus saepe imitando tantum et male sequeretur atque aut prorsus inepta scriberet, ut اشجار *arbores* pro ايمان *fides* 6, 19, من بين pro ورش 13, 20, نشاوهم *ascensio eorum* pro تساويهم *aequat eos* 6, 56, ينبذ *consilio* pro ينتبه *expergiscetur* 13, 80, aut talia, quae aliquo modo intelligi et ferri possint, at comparatis reliquis testibus aliena esse cognoscuntur, ut با نسر *o aquila* pro فابشر *annuntiabo* 11, 16 vel بال *reliqui* pro القيت *proiectae sunt* 11, 19. Alibi puncta male addidit, ut للجر *panis* pro للخير *bonum* 4, 29 cett., et hic quoque, imprimis ubi auctoris verba minus presse sequitur, sunt quorum pravitatem non statim agnoscas. Itaque codex mendis scatet neque hoc agendum erat, ut eius solius verba traderentur, sed opusculum, quantum fieri potuit, adhibitis excerptis Bodleianis restituendum erat.

Bodleianus liber (b), qui et ipse saeculo decimo quarto eleganter exaratus esse dicitur (Nicoll. Cat. mss. or. Bodl. II, 10), inscriptus اختصار كتاب عزرا النبي *summarium libri Ezrae (Ezrâ) prophetae*, ita adornatus est, ut multa, quae librario necessaria non videbantur, nonnulla fortasse etiam intellectu difficiliora omissa sint, at continua tamen narratio praebeatur eisdem verbis diligenter servatis concepta. Ceterum decurtandi hoc studium interdum etiam in codice Vaticano deprehenditur, maxime in capite nono; etiam in capite quarto decimo Bodleianus nonnulla praebet pleniora. In singulis vocibus satis discedunt, unde mirum est easdem lacunas 8, 51—9, 1 et 14, 22—26 in utroque inveniri. Ceterum verba auctoris, re in universum considerata, in Bodleiano melius servata sunt eiusque lectiones non raro praestant, etsi etiam in eo similes corruptelae, quales indicavi, legentem offendunt, ut جنة *paradisus* pro حب *bacca* 4, 30, النبوا *vaticinium* pro الشرا *malum* 5, 2, في *in saepto* pro جز, *in parte* 6, 51. Itaque in edendo opusculo huius, si integer esset, scripturam exhibere et e Vaticano emendare praestaret; quod cum secus sit, Vaticano pro fundamento uti debui, quem ubi opus esset e Bodleiano emendarem. Ceterum ita versatus sum, ut Bodleiani lectiones memorabiles praeter eas, quae a decurtandi studio fluxerunt, plerasque imprimis si ad indolem eius cognoscendam facerent (reliquae facile ex Ewaldi editione disci possunt) indicarem measque vel emendationes vel coniecturas adderem lunulis inclusas, levissima tantum tacite corrigerem. Neque autem dubito, quin in eis, in quibus interpres Graeca non recte intellexit aut plurium per ambitum verborum reddidit neque excerpta illa neque reliqui testes, Latinus, Syrus, Aethiops, alter Arabs opem ferebant, non omnia vitia eaque interdum satis occulta sustulerim; meliora invenire opportuni temporis erit. Pauca nimis corrupta signo † notanda erant.

In utroque codice abundant sermonis vulgaris vestigia e. gr. formae modorum et casuum inter se permutatae, vocales non contractae in formis quales sunt يميرا pro يمر et similes 12, 24. 5, 17. 11, 30. 13, 20. Quanquam dubitari non potest, quin ipse interpres voces ad grammaticorum amussim non adegerit, hic tamen, cum non id agatur ut historia linguae illustretur, imprimis autem cum utriusque generis formae in utriusque codicis loco eodem (e. gr. 13, 41: ٧ نفروا b ينفروا) varient vel in eiusdem codicis versu eodem alternentur, nec igitur quod ipse scripserit ullo modo effici possit, neque tandem primi cuiusque librarii rusticitatem in formis, qualis est لم يفعلون, quae fortasse nunquam in ore fuit, sequi deceat: haec plerumque ad analogiam revocata sunt.

Graeco fonte interpres usus esse videtur. Quam ad rem diiudicandam in censum venire, ut apud minus peritos interdum fit, non quidem possunt loci, ubi Graeca male aut lecta aut intellecta fuisse deprehenduntur (nam talia manent, quotiescunque denuo in alias linguas transeunt), sed magis fortasse nomina propria Graeca forma reddita, ut خزقيلا *Ἐζκίας* et *Σεραχοιηλ* 7, 40, quanquam et haec dubia sunt (reliquorum forma utitur ea, quae apud Muhammadis asseclas vulgaris est). Contra Syriaci fontis testes adduci non poterunt vocabula ab originibus Arabicae linguae aliena et e Syriaca recepta, qualia sunt تبحر *explorare* 8, 2. 11, 36, بهتان *confusio* 7b 61. 62, quod Arabibus *calumnia* est, دار *saeculum* 6, 48, صديق *iustus* 9, 13, على de *aeternitate* temporum 6, 25. 7b 72, نصب *plantare* 8, 6, nam haec in Syria in usum Arabum imprimis Christianorum transierunt. Omnino enim sermonis Arabici in libro habitus non is est, qui Syriacae originis speciem prae se ferat; hoc autem certum est, ad illam, quam superstitem habemus, Syriacam translationem eum referri non posse.

Arabica Latine interpretatus sum. At caveant, qui ipsi Arabica non intelligunt, ne de lectionibus iudicent, quas interpres invenerit; non enim ita accurate reddi possunt verba, ut nihil Latinae consuetudini concedendum sit. In his saepe peccarunt, qui ex Latina librorum orientalium imagine Graece scripta restituere susceperunt.

Praeter codicem 462 bibliotheca Vaticana alium servat (3; cf. Assemanius l. l. p. 3), qui alteram libri interpretationem continet eam, quam Ewaldus e bibliotheca Oxoniensi plenam edidit et priore loco posuit. Scripturae a Bodleiano discrepantiam idem Sciahuanus mecum communicavit. Sed certum est, hunc codicem saeculo decimo sexto e Bodleiano, antequam Oxonium delatus est, transscriptum fuisse. Tum tamen adhuc aderat folium nunc amissum et unam saltem huius lacunam 4, 23—34 ex illo explere possumus. Unde data hac occasione fragmentum suo loco infra adieci.

Est etiam aliud additamentum, quo editionem locupletavi. Ultima enim libri particula legitur in opere illo ab incerto scriptore saeculo nono ut videtur exeunte de temporum rationibus composito, de quo nuperrime Cl. Rothsteinius (De chronographo Arabe, qui codice Berol. Sprenger. 30 continetur. Bonn. 1877. cf. p. 12. 43) pluribus egit. Apparent haec translata esse e Syro illo, quem habemus. Vix autem putem, ipsum scriptorem haec e Syriacis reddidisse, sed totus liber talis in usu Arabum fuisse videtur.

Etiam ad Muhammadis asseclas quaedam de argumento libri derivata sunt. Quae enim Tha'labius in Historia prophetarum p. ۳۷٥ editionis Qâhirinae Castellianae anni 1282 de Esdra narrat, ex hoc libro fluxerunt, etsi aliquantum in alienam sententiam detorta sunt.

3 لما كان في سنة ثلثين لبناء مدينتنا بابل انا العزيز ابن سالاثيال (شالاثال b سالاثان ⁷) كنت منضاجعا على سريري ⁱ فخطر ببالي خراب صهيون واعتزازها (وعمارتها b) ² وبدات انطق بقول (بكلام b) شديد امام الرب ³ فقلت يا رب ⁴ انت في البدء قلت انك (مثل البدء ⁷) ⁵ خلقت ادم بيديك المقدسة جسدا ميتا ونفسا فيها (ونفختت فيه J. l.) روح حياة فعاش بين يديك ⁶ وادخلته الفردوس الذي نصبته بيمينك قبل كون الارض ⁷ وامرته (٧ om.) فكفر بامرك ونهيته فعصاك واجبيت (للضميت b) عليه وعلى ذريته (نسله b) الموت

Cum erat anno trigesimo post aedificatam nostram urbem Babylonem ego Esdras filius 3 Salathielis in lecto meo recubui ᵃ et in mentem mihi incidit Sionis vastatio eiusque vexatio (b eiusque frequentia. *olim fuit* frequentia Babylonis, *sed hoc nomen locum mutavit*). ² Et vehementi voce coram domino loqui coepi ⁴ ac dixi: Domine, tu initio dixisti, te (ὅτι *legit pro* ὅτε) ⁵ creasse (v tu ab initio creasti) Adamum manibus tuis sanctis corpus mortuum et animum, in quo spiritus vitae est (*f. l.* et inflasti in eum spiritum vitae). Et coram te vixit ⁶ eumque in paradisum induxisti, quem dextera tua ante conditum mundum plantasti, ⁷ eique mandata dedisti,

واولد بنين وبنات وقبائل واقواما شتى ليس لهم عدد ⁴ وسلكت امة امة على حال بالها فى الذنوب والخطايا 3
فلم تنههم (ينتههم ۷) ⁹ وبعد ذلك (زمان b) ارسلت عليهم الطوفان فاهلكتهم (۷ .om) باسرهم ¹⁰ وحل بهم الموت
كحلوله على ادم ثم ارسلت عليهم ذلك لما استخطوك ¹¹ وابقيت منهم ابرارا ¹² فلما بدءوا فى النمو والكثرة
على الارض دخلوا فى الذنوب ¹ اكثر ممن تقدمهم (كثيرا ۷) ¹³ فاخترت منهم رجلا بارا يقال له ابرهيم ¹⁴ فاحببته
وعاهدته ¹⁵ وارضيتك ليكون لنك بينك وبينه الى الابد وحلفت له انك لا تضيع زرعه ووهبت له اسحاق
ويعقوب وعيسو ¹⁶ نفيت عيسو واكثرت يعقوب مصر جدا ¹⁷ واخرجت نسله من (ارض b .add) مصر الى
طور سينا ¹⁸ وطاطات السموات وزلزلت الارض وسكانها وارعشت العرش ¹⁹ واعليت بهجتك على اربعة حيوان
بنار وزلزلة وروح وجليد انفاق بى يعقوب بالتوراة والناموس فيعقل امة اسرائيل ويتدبرون به وبتخلصون
(يتدبروا به وبتخلصوا .l) ²⁰ ولم تخلع منهم القلب الناسى (القاسى .l .f) ليتم فيهم المنهج ²¹ وقد كان ادم
التخذ قلبا قاسيا (كافرا b) فغلب عليه وفكر (وكفر b) بارادته هو وجميع نسله ²² فلما ظهر عهدك لهم ضار الفكر
من قلوب شعبك واروى اصل الجحود فيهم وعربت معرفة فضلك منهم وبلغ الفكر فيهم كل مبلغ ²³ وعمدت على
ذلك دهور وازمان ثم انتخبت لك عبدا يقال له داوود ²⁴ وعاهدت العبد فى بناء مدينة باسمك ليقرب فيها
قرابون مما انك وغير ذلك مما تسر به اهم ²⁵ وذلك فى زمان وسنين متفاوتة وقرب اهل تلك المدينة ايضا
ثم غاووا ²⁶ ولم تكن غوايتهم باكثر من غواية ادم بل كما التخذ ادم ومن كان بعده من القرون قلبا كافرا

3 nec mandato tuo paruit, atque interdicta, at contumax fuit; tum ei et soboli eius mortem iniunxisti. Et procreavit filios et filias et tribus et gentes varias innumerabiles. ⁸ Quaevis autem gens ad libidinem in delictis et peccatis ambulavit * neque eos prohibuisti (v intellegentiae expers). ⁹ Postea in eos diluvium misisti et ad unum omnes delevisti. ¹⁰ Invasit eos mors, sicut Adamum invaserat; tum hoc in eos misisti, postquam te irritarunt. ¹¹ Sed pios aliquos ex eis vivos servasti. ¹² Et postquam in terra augeri et multiplicari coeperunt, in delicta * magis quam priores (v multa) inciderunt. ¹³ Tum ex eis virum pium Abraham nomine elegisti ¹⁴ et dilexisti et pactum cum eo fecisti ¹⁵ et foedus iniisti, quod te inter et eum in aeternum servaretur, eique iurasti te semen eius non neglecturum. Ei dedisti Isaacum, Iacobum, Esavum. ¹⁶ Esavum reiecisti, Iacobum autem in Aegypto magnopere multiplicasti ¹⁷ eiusque posteros ex Aegypto ad Sina montem eduxisti ¹⁸ et inclinasti coelum et terram eiusque incolas concussisti, ima tremore affecisti ¹⁹ et gloriam tuam super quatuor animalia (ΘΙΙΡΑΣ pro ΘΥΡΑΣ) extulisti per ignem, terrae motum, ventum, gelu, ut filiis Iacobi Thoram et legem afferres, qua populus Israeliticus intellectum eamque meditatus salutem nasciceretur. ²⁰ Nec tamen ab eis cor obliviosum (f. l. pertinax) abstulisti, ut mores in eis ad perfectionem venirent. ²¹ Adam autem corde pertinace usus erat, unde victus est, et arbitrio suo * male cogitaverat (b non obedierat), ipse eiusque posteri omnes. ²² Et post foedus tuum patefactum deliberatio e corde populi tui aufugit, radix impietatis in eis convaluit, cognitio praestantiae tuae ab eis abiit et mala cogitatio ad summum pervenit. ²³ Interea saecula et tempora praeterierunt. Tum tibi servum selegisti Davidem nomine ²⁴ et obligasti, ut in nomine tuo urbem aedificaret, in qua ex tuis sacrificia offerret et alia ex eis, quibus eos oblectas, ²⁵ et per tempus quidem et annos varios; et incolae huius urbis et ipsi obtulerunt. Tum erraverunt ²⁶ nec maior eorum error fuit errore Adami, sed quemadmodum Adam et quae eum secutae sunt generationes corde

3 وكذلك (كذلك L.) اتخذوا مثله قلبا كافرا ؊؊ فاسلمت مدينتك الى اعدائك ؊؊ فقلت انا فى نفسى اى خير فعلته
باعراضك عن صهيون ؊؊ معما (مما ۲) رايته انا ببابل من الخطايا ومعاص لا تحصى فى سنة ثلثين فلم ينتبه قلبى
؊؊ فقلت كيف صبرت يا رب لهولاء الملحمين وتركت للخاطئين واهلكت شعبك وحقدت على رعيتك ؊؊ ولا
يعرف احد مواقب هذا السر فهل يا رب فعال بابل افضل من فعال صهيون ؊؊ وهل عرفتك امة اخرى اكثر
من اسرائيل واى امة اتمنت على منهج عهودك مثل يعقوب ؊؊ فلم يعرف اجودته (اجرته .L) ولا انمى (الثمر .L)
له ايماننا بل عبدك وقد حولت اممـا فرايتهم صلحا ولكنهم لم يعرفوا وصاياك ؊؊ فزن (ازن ۲) يا رب ذنوبنا
ولذنوب من فى العالم بالموازين وانظر اى ميزان ارجح ؊؊ متى لم يذنب جميع من يسكن الارض بين يديك
واى امة احتفظت بوصاياك ؊؊ الا واحدا واحدا لعل يوجد فى الناس

4 ۱ فبعث الى ارئيل (سوريال ۲) الملاك ؊ فقال لى ان قلبك قد استكبر (؟) عليك جدا وانت تريد تفحص
عن فكر العلى ؊ فقلت نعم يا سيدى فقال لى قد بعثت اليك اسئلك عن مسائل ثلاث وامثال ثلاث ؊ وان
اجبت عن احدها بجواب مقنع عرفتك السبيل التى تشوقت اليها واعلمتك اى هو قلب الفكر ؊ فقلت انطق
يا سيدى فقال زن لى (۳ .om) مثقال نار واكتل صاع هوى واعد (وهد ۵ وعبد ۲) اليوم الماضى ؊ فقلت له
من من المولودين يستطيع لذلك ؊ فقال فلو سالتك كم كنوز غور البحر ومخارج اطراف العمق وسبيل (وسبيها ۲)
هوى (قوات ۵) السماء ومبارز (ومنازل ۲) للجحيم وابواب للجنة ؊ ما (وما ۲) كنت قائلا لى فقلت له انزل الى

impio utebantur, sic et ipsi usi sunt impio corde; ⁵⁷ tum urbem tuam hostibus tradidisti. ⁵⁸ Et 3
ego in animo meo dixi: Quid melius effecisti, dum Sionem aversatus es ⁵⁹ in comparatione
delictorum et innumerabilium scelerum (v quam delicta et inn. scelera), quae ego Babylone
vidi anno trigesimo? Neque animum recepi ⁶⁰ et dixi: quomodo, Domine, sceleratos hos susti-
nuisti et peccatores hos tulisti, at populum tuum perdidisti et gregem tuum odisti? ⁶¹ nemo
huius secreti consilium novit. Num, Domine, facinora Babylonis meliora sunt facinoribus
Sionis? ⁶² num alius te populus magis quam Israeliticus cognovit? quinam populus viae foe-
derum tuorum confisus est Iacobi instar? ⁶³ et tamen merces eius ignoratur nec fides ei fructus
tulit, at servo tuo! Peragravi populos et vidi eos optime valentes, quamquam praecepta tua
non cognoverunt. ⁶⁴ Expende igitur, Domine, nostra scelera et scelera eorum, qui in mundo
sunt, lancibus et vide, utra lanx deprimatur. ⁶⁵ Ecquando coram te non peccarunt quicunque
terram incolunt? quaenam gens praecepta tua servavit, ⁶⁶ nisi singulus aliquis, qui forte inter
homines invenietur?

Tum ad me Uriel (v Suriël) angelus missus ¹ mihi dixit: Cor tuum valde ⁵ rei gravitate 4
commotum est (f. l. apud te attonitum est cf. ad 5, 2), dum mentem altissimi exquirere vis.
² Respondi: ita est, domine mi. Tum dixit mihi: missus ad te sum quaesiturus de tribus quae-
stionibus et tribus similitudinibus, ⁴ et si probabiliter de una earum respondes, viam quam
concupiscis tibi indicabo et quodnam cor *malae* cogitationis sit, te docebo. ⁵ Dixi: loquere,
domine mi. Dixit: pende mihi ignis pondus et mensura venti modium et reduc diem prae-
teritum. ⁶ Et dixi ei: quis ex natis poterit haec? ⁷ Dixit: et si a te quaesivissem, quot sint
thesauri imi maris et exitus profundi extremi et viae super coelum et egressus inferni et
portae paradisi, ⁸ quid mihi dicere posses? Et dixi: non descendi in infernum nec perveni ad

للحجيم ولا وصلت (ولم انزل الى ۲) قرار (قرا b) البحر ولا صعدت الى السماء ولا رايت للجنة ⁹ فقال لي الذى ما ٤ سالتك الا عن الريح واليوم الذى مر بك فانك لا تقدر تعيش دولهما ولكن دع هذا وافهمنى كيف يهتز (يمز ۷) شبابك ¹⁰ وكيف تهزل وتشيب (ويهرم b) فاذا كنت لا تقدر تجيب عن حاضر (خاص b) امرك ¹¹ فلم تلتمس ˚ التعلب لسبيل (العيث بسبيل ۷) العلى التى لا تدرك وكيف تستطيع التتبع لاثار الذى لا يتلف ولا يبيد ¹² ثم قال لى ان شاجر للجبال والسهل توامرت فى نفوسها ¹³ وقالت نمضى (om. ۷) فلنحارب امواج البحر نهرب بين ايدينا ونتخذ مكانها لاصولنا ¹⁴ وتوامرت امواج البحر كذلك فقالت امضوا بنا لنقاتل اشجار للجبال والسهل لنجعل لنا مكانا واسعا ¹⁵ فبطل فكر للجميع واتت النار واحرقت الاشجار ¹⁶ ومنعت الرمال الامواج ¹⁷ فلو كنت قضيا (حاكما b) اى الفريقين كنت تصدق او تكذب به ¹⁸ فقلت كلاهما (sic vb) كنت اكذب لانهما اثمرا بالباطل لان الاشجار اعطيت الارض (للارض ۷) والامواج اعطيت البحر (للبحر ۷) ²⁰ فقال لى نعم ما قضيت فلم لا تعرف نفسك وتقضى عليها ²¹ اعلم انه بحسبما اعطيت الاشجار الارض (للارض ۷) الامواج البحر (للبحر ۷) كذلك الذين فى الارض لا يعلمون الا ما فى الارض والذين فى السماء يعلمون ما فى السماء والارض جميعا ²² فقلت له يا سيدى افهمنى من الذى اعطى قلبى الفهم ²³ فانى لم أجيب (أجيب cod.) السوال عن سبيل العلى بل سالتك عما يمر ˚ بنا فى كل يوم (فى ۷) لان بنى اسرائيل اعطوا اصلا (اخيلا f. l.) فى الامم والشعب لحبيب البك اسلم الى الذنوب (ذوى الذنوب f. l.) وفى العهد الذى

⁴ fundum (b confluvium) maris nec ascendi in coelum nec vidi paradisum. ⁹ Tum mihi dixit: non interrogavi te nisi de vento ac die, qui praeteriit, sine quibus vivere nequis; sed sine haec ¹⁰ et indica mihi, quomodo alacris (v discernas) adolescentia tua˚ et quomodo macescas et canescas (b et senescat). Et si de praesenti (b propria) tua conditione respondere non potes, ¹¹ cur cupis˚ viam altissimi indagare (v frustra ludere cum via altissimi), quae non comprehenditur, et quomodo vestigia eius, qui non perit nec interit, sequi potes?

¹² Tum mihi dixit: arbores montium et planitiei inter se pactae sunt ¹³ et dixerunt: agite, impugnemus maris undas, ut coram nobis recedant et eorum loco in gratiam radicum nostrarum utamur. ¹⁴ Et undae maris et ipsae pactae sunt et dixerunt: venite, ut arboribus montium et planitiei bellum inferamus, ut locum amplum nobis comparemus. ¹⁵ Sed utrarumque consilium irritum factum est; venit ignis et arbores consumpsit ¹⁷ et arenae undas prohibuerunt. ¹⁸ Itaque si iudex esses, utri parti assentireris, utram condemnares? ¹⁹ Dixi: utrasque condemno, quia de vano deliberarunt. Nam arboribus terra data est et undis mare. ²⁰ Tum dixit mihi: recte iudicasti; itaque cur te ipsum non cognovisti nec de te iudicasti? ²¹ Scito, sicut arboribus terra data est et undis mare, ita eos, qui in terra sunt, terrena solum cognoscere et qui in coelo sunt, coelestia et terrestria una. ²² Tum ei dixi: domine mi, edoce me quis sit, cuius cordi intellectus datus est; ²³ non enim quaestionem de via altissimi attuli, sed quaesivi de eis quae quotidie nos praetereunt; nam Israelitae dati sunt radix (sic; f. l. captivi) inter gentes, stirps tua dilecta peccatis (f. l. peccatoribus) tradita est, foedus, quod patribus nostris dedisti,

Fragmentum ineditum alterius interpretis Arabici.

²³ (واحتقر به) واحكامنا وكتبنا ليست موجودة ²⁴ وهوذا نحن دوبين (لاهبون l.) من العالم كمثل للجراد

... et leges et libri nostri non amplius inveniuntur. ²⁴ En nos mundo egredimur locustarum

4 اعطيتة اياما وباد جميع ... الذين كنت (الذى كتب /.) لهم ⁵⁴ وكحو, نعبر الدنيا مثل جراد للحقل وحياتنا مثل الضباب ونسى باهل للنجاة مما اتينا به ⁵⁵ ولكن ما الذى يصنع (لصنع ۲) بالاسم الذى نصبنا اليه ⁵⁶ فقال لى ان كنت ترى وان شئت (مشيت /.) ستعحب وهذا العالم يعبر (ينغير ط) سريعا ⁵⁷ ولا يستطيع الدوام لاجل (ولاجل ۲) مواعيد الله ومواهب الصالحين لانه مملو‌ حزنا وصيبات ⁵⁸ وانه قله زرع فيه الكفر من قبل الهوى ولم يبلغ اوان الاندر بعد ⁵⁹ وان (ولا /.) يحصد ما قد زرع فيه الآن لان لما كان (sic) المزروع فيه على حده ولم تأت الارض التى يزرع فيها لخير (لخبز ۷) بعد ⁶⁰ وكذلك ان الكفر زرع فى البده (۲ om.) فى ادم كحبة (كجنة ط) ⁎ صنعت حبوبا كثيرة وهى لدانيك تثمر (تثمر دائما ط) حتى يبلغ اوان الاندر ⁶¹ فانذا كانت

interiit et omne ... (*deest vocabulum*) quod eis scriptum erat, periit. ⁵⁴ Per mundum transimus 4 ut locusta campi et vita nostra vaporem aequat nec salute digni sumus propter ea, quae in medium protulimus. ⁵⁵ Sed quid faciet de nomine, ad quod relati sumus? ⁵⁶ Et dixit mihi: si valebis, videbis, et si voles (*l.* vives) miraberis, cum hic mundus celeriter transeat (**b** mutetur). ⁵⁷ nec durare possit propter (v et propter) dei promissiones et piorum dona, quia tristitiae et malorum plenus est, ⁵⁸ et quia in eo sata est impietas a parte libidinis nequedum tempus areae venit ⁵⁹ nec id, quod nunc in ea satum est, demessum est, quia satum nondum ad finem pervenit nec terra, in qua postea bonum (v panis) seretur, venit. ⁶⁰ Nam impietas ab initio sata est in Adamo, grano similis, quod multa procreavit grana, est enim substantia fructum ferens usque dum tempus areae adveniet. ⁶¹ Et si granum unum multas spicas procreat, quid putas

وحياتنا تضمحل كمثل الدخان وصرنا كمثل من لم يستحقوا رحمة ⁵⁵ ولكن ما الذى تعمل من اجل اسمك القدوس الذى يسمى علينا ⁵⁶ فاجابى قائلا ان كنت تسعد وتفحص عند يزول سريعا ⁵⁷ لانه لا بطويل اليد وعد الابرار من اجل انه مملو‌ امراضا واوجاع القلب ⁵⁸ وقد زرع فيه الشر وان كان الذى زرع لا يرى ⁵⁹ ولكن الشكل (المكان /.) الذى زرع فيه الشر له منتهى ويزول لان الكورة التى زرع فيها اصلاح (الصلاح /.) لم تظهر بعد ⁶⁰ وقد كان زرع فى قلب ادم حبة من زرع شرير فاولدت هذه الثمار الشريرة الرديه الكثيرة وهى تتوالد الى الآن ولا تزال حتى تبلغ وتنتهى الى الاندر ⁶¹ فكر الآن فى لنفسك كيف زرعت حبة رديه فصنعت شرورا كثيرة

instar et vita nostra fumi instar dissipatur et facti sumus tanquam misericordia indigni. ⁵⁵ Sed quid est, quod facies propter nomen tuum sanctum, quod super nos nominatum est (*de quo nominati sumus*)? ⁵⁶ Tum respondit mihi et dixit: si interrogas, videbis, et si perseveranter et constanter quaeris, celeriter cognosces, nam saeculum hoc, de quo interrogas et scrutaris, mox finem habebit; ⁵⁷ nam promissio piorum ad id non pertinet, cum aegritudinum et cordis dolorum plenum sit. ⁵⁸ In eo satum est malum, quanquam qui sevit non conspicitur, ⁵⁹ sed loco, in quo satum est malum, terminus est et finem capiet, nam regio, in qua satum est bonum, nondum apparuit. ⁶⁰ In corde Adami satum erat granum seminis mali et multos fructus malos et pravos generavit, qui per successionem hucusque propagantur nec desinent, usque dum tandem venerint ad aream suam. ⁶¹ Itaque nunc in te ipso considera, quomodo granum pravum satum sit

حبة واحدة اثمرت سنبلا كثيرا فما ظنك " انا زرع سنبل كثير فما ذا يكون" " فقلت له (قدرا ٧) ترجى " متى يكون هذا ويدوم فان سنبهنا قليلة خيبشة " فقال لى لست انت بأسرع من العلى انت مسارع لاجل نفسك وانعلى لاجل العامة على مهل يفعل هذه الاشياء " المجمعين (فلجاجت ٢) انفس الأبرار وقالت حتى متى نلبث هاهنا ومتى يكون اوان الاندر لناخذ اجرتنا " فقال لهم اراقائيل (. اراميل (ارئيل b) الملاك حتى يتم عدد (٢ om.) كلمن ساكن (يشاكل ا. يشناكن b) لان العلى سيزن الدنيا بالمثاقيل " وجميع دهرنا بالموازين وقد مد (عد b) الدهور وهم لا يبطلون عن حركاتهم واعمالهم الى انقضاء الدنيا " فقلت له يا سيدى ليس منا الا مذنب " وليس يجب ان يمنع مجى. الاندر لاجل الخاطئين الذين يسكنون الأرض " فقال لى سل للجبلى هل تقدر بعد تمام تسعة اشهر ان تخبئ (يجلس b) الولد فى بطنها (جوفها b) " فقلت كلا يا سيدى لا تستطيع ذلك فقال لى كذلك للجحيم هو للأنفس بشبه الأم الوالدة " وكما تسارع المرأة وتفر مما يحل بها عند الولادة كذلك يسارع عولا من اذى ما كان عليهم " وبعد ذلك ترى ما كنت تشتهى رؤيته فى هذا الوقت " فقلت له يا سيدى ان (ال ٧) كنت اهلا " فاعلمنى من اكثر الذين مضوا (جاءوا ٢) ام الذين

4 ** fieri, si multae spicae sata sint, quot areae sunt, quae sperantur?
** Et dixi ei: quando haec fient et durabunt? nam anni nostri pauci sunt et parvi. ** Tum mihi dixit: non tu celerior es altissimo; tu festinas propter te ipsum, dum altissimus propter universos lente has res efficit. ** Impatientes *diuturnitatis* iustorum animae dixerunt: quousque hic morabimur et quando veniet tempus areae, ut mercedem nostram accipiamus? ** et dixit eis Erêîl (*l.* Erêmîl b Uriel) angelus: usque dum numerus omnium qui similes sunt integer est; nam altissimus pendet mundum ponderibus ** et totum nostrum tempus statera et mensuravit (b numeravit) saecula, dum ipsi *homines* suo modo moveri et agere usque ad finem mundi non desinent. ** Tum dixi ei: nemo, domine mi, nostrum est quin peccet. ** neque oportet areae adventus impediatur propter peccatores, qui terram incolunt. ** Et dixit mihi: quaere a gravida num post peractos novem menses foetum in utero occulere possit. ** Dixi: nequaquam, domine mi, non potest. Et dixit mihi: ita infernum; animabus pro matre quae parit est. ** Et sicut mulier maturat evadere, quod ei in partu accidit, ita illae maturant *evadere*, molestiam eius, quod eis impositum est. ** Post haec videbis, quae hoc tempore videre desiderasti. ** Dixi ei: domine mi, si dignus sum. ** doce me, qui plures sint: qui praeterierunt anne qui

" فكم احرى انا زرع سنبل البركة وللخير اليس بصحن ثمارا عظيم البركة متضاعفة وتخزن فى اهراء العلى " فاجبت وقلت له فالى متى وكم بقى الوقت بعد هذا الزمان فان ايامنا قليلة وسنيننا بسيرة صعبة " فقال لى هل انت مجول فى هذا الشئ. اكثر من العلى لانك انت الما تريد السرعة بذلك لاجلك وحدك وانعلى يصنع هذا ....

et mala multa effecerit; ** quanto magis si spica prosperitatis et boni sata est, nonne optime proferet fructus prosperrimos duplos in horrea altissima invehendos? ** Respondi et dixi ei: Usque quo et quantum illi horae post hoc tempus relictum erit, nam dies nostri pauci et anni nostri modici et graves sunt? ** Dixit mihi: num tu in hac re magis festinas quam altissimus? nam tu maturationem tua solius causa cupis, dum altissimus haec facit ....

⁴⁴ فانی لله (۲. om.) سمعت بمن مضی ولست عارفا بمن سیاتی ⁴⁵ فقال لی قم ⁴⁶ حتی اریك لامرئك ذلك ⁴⁷ فقمت ورایت اتون نار یلتهب قد مر فی وخلفه دخان ⁴⁸ وسحابة تمطر مطرا كثیرا وبعد ذلك رایت سحابة تمطر مطرا قلیلا ⁴⁹ فقال لی ای شی· اكثر الدخان او النار واى شی· اكثر المطر او تقطیر السحاب ⁵⁰ فقلت النار اكثر من الدخان والمطر اكثر من القطر فقال كذلك العدد التی مضت اكثر من الذى باقی
⁵¹ فقلت له یا سیدی ما الذى یكون فی تلك الایام ⁵² فقال انا اعرفك بعض الذى یكون مما سالت عنه
5 وان كنت لم ابعث امرئك عن للحیاة ¹ فاعلم انه سیجى· ایام یختفى للحق فیها وتصیر ارض القدس طاهرا
² وتكثر الشرور (النبوة b) اكثر مما سمعت ورایت وستكثر (ویتكبیر L. وتتكبر b) ⁴ وسكان الارض ⁴ ولن (ولم ۲)
تقوم (تعبر ۷) الارض وتداس (اتنا ۷ ااتا b .om) بل تصیر خرابا ⁴ وان اعطاك العلى حیاة فتری ذلك بعد زمان وتعرف
الاشیاء. وتظلم الشمس فجاة فی النهار (بغتة فی النهار ۵ تجاه النهار ۷) كالیل ویصیر القمر ⁵ كالدم وتتكلم
للحجارة ویتقوه (ینفسد L. ینفقد b) الهوی وترجف للجماعة ⁶ ویملكن من لم یخطر علی بال سكان الارض ثم تباعد
الطیر من اماكنه ⁷ ویصیر فی بحر سدیم سمك الذى (والذى b) لا یعرف بصوت باللیل وتسمعه وتبصره العامة
⁸ ویبدو العمق (بالعمق ۷) الاكبر فی اماكن ویصعد النار (بالنار ۷) وتهرب سباع الصحاری من اماكنها وتلد
النساء ایات (اتنا ۷ ااتا b) ⁹ ویملح الماء العذب ویقاتل الاطفلون بعضهم بعضا ثم یختفی الفقه والمعرفة فی
معادنها (اماكنها ۷) ¹⁰ ویرغب الناس فی الاستكثار من البنین ولا یعطون وتكثر للخطایا ولا یقدر الناس علی
ضبط انفسهم علی الارض الا فلان وفلان ¹¹ ویسءل الارض للارض هل مر بك صدیقی واحد (وتسءل الارض

futuri sunt. ⁴⁶ Nam de eis qui praeterierunt audivi nec tamen eos qui venient cognosco. 4
⁴⁷ Tum dixit mihi: accede ad dextram meam, ut tibi haec declarem. ⁴⁸ Et accessi et vidi fornacem ardentem me praetergressam eamque secutum fumum, ⁴⁹ et nubem imbrem multum effundentem et postea vidi nubem paucam pluviam effundentem. ⁵⁰ Et dixit mihi: quaenam pars maior est, fumusne an ignis? quaenam pars maior est, imberne an nubis stillicidium? Dixi: ignis fumum multitudine superat et imber stillicidium. Dixit: ita numerus praeteritorum maior est, quam eius quod veniet.

⁵¹ Tum dixi ei: quid est, domine mi, quod in illis diebus erit? ⁵² Dixit: ex eis, de quibus interrogasti, nonnulla, quae erunt, tibi explanabo, quanquam non missus sum, ut de vita te docerem. ¹ Scito igitur, venturos esse dies, quibus ius abscondetur et terra sancta sterilis erit 5 ² et malum (b prophetia) amplius quam audiisti et vidisti crescet et terrae incolae obstupescent ³ nec stabit (ᵥ coletur) nec calcabitur (om. b) terra, sed deserta fiet. ⁴ Et si altissimus tibi vitam concesserit, videbis haec post tempus aliquod et res cognosces, et sol subito in die noctis instar obscurabitur et luna fiet ⁵ ut sanguis et lapides loquentur et aer corrumpetur et multitudo terrebitur ⁶ et regnabit, de quo non cogitarunt incolae terrae, tum aves sua loca relinquent, ⁷ in mari Sodomitico pisces nascentur, qui (et qui b) notus non est noctu vocem tollet eumque audient et contemplabuntur omnes ⁸ et *mare* imum variis locis ⁹ apparebit et ignis ascendet (ᵥ in conspectum dabit et ignem emittet) et bestiae desertorum e locis suis fugient et mulieres prodigia parient, ⁹ salsa fiet aqua dulcis, inter sese, qui sibi faverant, pugnabunt, tum intellectus et scientia abscondentur in originibus (ᵥ locis) suis ¹⁰ et homines concupiscent plurimos habere filios nec obtinebunt, peccata multiplicabuntur nec homines se ipsos in terra coercere poterunt, nisi forte hic et ille, ¹¹ regio regionem interrogabit: num iustus unus te transivit (ᵥ regio inter-

هل صديقها او واحدا من الابرار ۷) فتقول لا ۱۲ ويومل الناس [ولا] (ولا يوصل الناس انهم ۷) يبلغون الامل ۵ ويضطربون • فلا تنوائهم (وان يروا يرى منهم ۷) الأشبهه ۷) فهلم في (۲ .om) الأشياء التي امرت باعلامك اياها وان صمت وصليت سبعة ايام اخر فانت تسمع وترى ما هو اكبر واجل ۱۶ فغزعت وارتعدت فرايشى (فرائضى .l) ۱۵ واخذ الملاك بيدي واقامنى وتشددت ۱۶ فصار انّى ابطول رئيس الشعب فى الليلة الثالثة فقال لى اين كنت ولـ تحزن ۱۷ اما تعلم انك المتّمن على بنى اسرائيل فى هذه الارض التي سبوا اليها ۱۸ فانهض وادخل اليها وكل خبزا ولا تتركنا كراع سيب غنمه بين بذاب ضاربة ۱۹ فقلت انا اسئلك الا تجيبنى الى اليوم السابع عند ذلك تجيبني وتسمع منى وتعمل (وعمل .l) ما امر به ۲۰ وصمت سبعة ايام مبتهلا • كما امرنى (الى ۷) سوريال (ارئيل .l) الملاك ۲۱ وافكر وفكروى بلاجنجنى ۲۲ وامكننت نفسى من روح الفقد وابتدات كثلا ۲۳ ناطقا يا رب من اشجار الارض اخترت لنفسك اصل كرم واحد ۲۴ ومن الأرضين كلها ارضا واحدة ۲۵ ومن ستة المدن قدست لنفسك صهيون ۲۶ ومن كل المواشى اخترت لنفسك كبشا ومن الطيور حمامة واحدة ۲۷ ومن للجماعات شعبا واحدا والنت مدبر الاشيب• بقوتك وصائها بحكمتك وجعلت عهدك المختار تشعبك انذى اصطنيتد ۲۸ فلای (ولای ۷) شی• اسلمت الآن الوحيد الذى اخترته لك للكثره (۷ .om) واسبيت بالحذر (واشمت بالجذر .l) الواحد حتى استولى عليه قوم شنى فبددت وحبدك (جندك ۷) ۲۹ حتى توطأ• المقارمون لعهدك ووصاياك (المناورون ۷) وتنذمنع الذين اوئتمنوا على شرائعك ۳۰ ويغضوا وكان البغض اولى باعدائك ومذحصى وصاياك

5 rogabitur num iustum aut unum e piis *deficiente verbo*) et illa negabit, ¹³ et sperabunt homines [nec *addendum*] (v et non sperabunt homines quod) spem adepturi sunt et sollicitudinibus perturbabuntur nec res eis succedent. ¹⁴ Et hae res sunt, quas te docere iussus sum, et si per septem alios dies ieiunium observaveris et oraveris, insigniora et maiora audies et videbis.

¹⁵ Et metui et tremuerunt lacerti mei, ¹⁶ et angelus me manu prehendit et erexit, et vires refeci. ¹⁶ Et Ayatûl, princeps populi, tertia nocte ad me venit et dixit mihi: ubi fuisti et cur luges? ¹⁷ an nescis te eum esse, cui filii Israelis in hac terra concrediti sunt, in quam deducti sunt? ¹⁸ surge itaque, ad eos intra, ede panem nec nos deseras pastoris instar, qui oves suas inter lupos rapaces dimittit. ¹⁹ Tum dixi: peto a te, ut ad me usque ad diem septimum non venias; tum demum venies. Et obedivit et fecit, quod iussus erat.

²⁰ Et ieiunium servavi septem diebus, preces fundens, sicut me iusserat Suriel (*l*. Uriel) angelus, ²¹ et meditatus sum; sed meditatio mea molestia me affecit et anima mea spiritum intellectus assecuta est et incepi dicere, ²² elocutus: Domine, ex arboribus terrae elegisti tibi radicem unius vitis ²³ et ex omnibus regionibus regionem unam ²⁴ et ex universis urbibus consecrasti tibi Sionem ²⁵ et ex omnibus quadrupedibus elegisti tibi arietem et ex volucribus columbam unam ²⁶ et e multitudinibus unum populum, tu, qui res potentia tua gubernaris et sapientia tua efficis et foedus tuum eximium cum populo tuo, quem selegisti, pepigisti. ²⁷ Et nunc cur unigenitum, quem tibi elegisti, tradidisti multitudini et ad convicia exposuisti radicem unicam, ita ut variae gentes ea potitae sint, et dispersisti unicum tuum (v legionem tuam), ²⁸ ita ut• adversarii foederis tui et praeceptorum tuorum (oppugnatores) eum conculcarint et dissipati sint ei, quibus lex tua concredita est, ²⁹ et in odio fuerint, quanquam odium magis conveniebat hostibus tuis tuarumque legum contemptoribus, qui supplicio digni sunt.

⁵³ وهم اهل العذاب ⁵⁴ فلما قلت ذلك جاء الى الملاك الذى بعث الى فى الليلة الماضية ⁵⁵ وقال لى انصت الى
قولى واسمع منى ما اعلمك به ⁵⁶ فقلت تكلم يا سيدى فقال لى هل محب انت (۳ .om)
اسرائيل اكثر
من خالقه او توخذ انت به ⁵⁷ فقلت له لا يا سيدى ولكنى تكلمت من وجد شديد ولما اجد فى
جوارحى من الالم والامتعاض فى كل يوم وانا بحمد الله محب للزوم سبيل العلى والمواظبة على المعرفة بفضله
(بفضله .l) وقضائه ⁵⁸ فقال لى لست (انت ۷ ليس b) تقوى على الفحص عن قضايا العلى ولا ندرك امره
فقلت لم يا سيدى وحينئذ (وجب .l. /.) كل الامر هكذا فكيف ولدت ولم لم تكن بطن امى قبرا لى • كيلا
ارى تضعضع اسرائيل (۲ .om) ⁵⁹ فقال لى ما اشد الغبطة للذين لم يولدوا فهل تستطيع تجمع النطف التى
تبددت او تجنى (تجنى .l) زهرا قد يبس وتساقط ⁶⁰ او تفتح لى ابواب الاهراء التى غلقت وتخرج القبائل
التى حبست فيها او تعرفى كهف صورة الموت فاذا فرغت من ذلك عرفتك حال للغو الذى التمستك عنى
⁶¹ فقلت يا سيدى من الذى يستطيع اعلامك شيما مما ذكرت اولا ⁶² وانا انسان ضعيف مقيد العقل ناقص
الراى لا استطيع اعرفك شيما مما سألت ⁶³ فقال لى كما انك لا تستطيع تعرفى شيما مما ذكرت كذلك لا
تقوى على تنبع ما عندى ولا تعرف ما تصير اليه هذا الشعب ⁶⁴ فقلت يا سيدى قد اخبرت ما يكون فى
اخر الزمان فعرفى ما الذى يصنع من قد مضى قبلنا وما الذى يكون بعدنا والى ما ذا يصير امره ⁶⁵ فقال لى
ان العلى يحشر كل الناس ويدينهم ولا يترك (يبارك b) احدا يتباعد عنه ولا يرخص لمن يسارع اليه بغير
الاستواء بل بشيب (يتثبت ۷ ينيب b) كل انسان بقدر عمله ⁶⁶ وابتهلت الى الرب بنبريك (بنوئيل b) وتسبيح

⁶¹ Et postquam haec dixi, venit, ad me angelus, qui praeterita nocte mihi missus erat, 5
⁶² et dixit mihi: attende ad verbum meum et audi a me, quod te docebo. ⁶³ Dixi: loquere,
domine mi. Dixit mihi: num tu Israelem magis diligis, quam creator eius, aut de eo commotus es? ⁶⁴ Dixi, non, domine mi, sed prae gravi cruciatu locutus sum et propter dolorem
et tormina, quae in artubus mei quotidie sentio, cum propter gloriam dei vias altissimi perse-
qui amem et iudicium et decretum eius cognoscere gestiam. ⁶⁵ Dixit mihi: non vales decreta
dei investigare nec eius negotium. Dixi: et cur, domine mi, omnia necesse fuerunt (?) hoc
modo? quomodo igitur natus sum et cur uterus matris meae mihi non factus est sepulchrum,
ut humilitatem Israelis non viderem? ⁶⁶ Dixit mihi: o beatissimos, qui nati non sunt. Num
guttas dispersas colligere aut flores aridos et deciduos carpere (*l.* vitae reddere) potes, ⁶⁷ aut
portas promptuariorum clausorum mihi aperire et tribus in eis inclusas educere aut me docere,
quaenam sit figura soni? quae si perficis, tibi verum rerum statum indicabo, de quo me interrogasti. ⁶⁸ Et dixi: quis est, domini mi, qui te docere possit, imprimis aliquid eorum, quae ab
initio commemorasti, ⁶⁹ ego enim homo imbecillis sum, mentis circumscriptae et intellegentiae
imperfectae; nihil eorum, quae rogasti, tibi indicare possum. ⁷⁰ Dixit mihi: sicut tu nihil eorum,
quae commemoravi, mihi indicare potes, sic non potes assequi, quae cogito, nec scire, quo
hic populus perveniet. ⁷¹ Et dixi: de eis, domine mi, quae ultimis temporibus erunt, edoctus
sum; iam nuntia mihi, quid faciant, qui ante nos fuerunt, et quid post nos futurum sit et quo
conditio eius perventura sit. ⁷² Dixit mihi: altissimus universos homines congregabit (*vocem
κύκλος perperam interpretatus est*) et iudicabit nec ullum abesse sinet nec favebit eis, qui in-
temperanter approperant, sed cuivis secundum acta retribuet. ⁷³ Et dominum genibus nixus
(b recitans) et laudans precatus sum et dixi: Domine, quapropter eum, qui nunc est, et eum,

وقلت يا رب لاى شى. لم تجعل من هو الآن ومن يكون من بعد شرط واحدا ليعلن بذلك عدلك ⁵⁵ فقال ⁵
لى لن يستطيع المخلوق الرائد (الرائد ./.) ذلك الا .بعونى لاى انا للخالق وطباع هذه الدنيا وصنعتها لم
تكن تقوى على اجتماع الناس كلهم فيه كائلا ⁴⁶ فقلت له يا رب وكيف قلت لى انك الذى تنعش خلائق
كافة ⁴⁷ فقال لى قل للمرأة التى ولدت عشرة بنين لم لم تلدى بنيك كلهم فى مرة واحدة ⁴⁷ فقلت
انها لا تقدر على ذلك الا واحدا واحدا فى ساعته ⁴⁸ فقال لى هكذا الارض فى تشبه الام الوالدة التى لا
تستطيع ولادة بنيها فى مرة واحدة والا اغتم واعتنى بامر العلم الذى صنعت لاى خلقت ۰الاشياء شيما شيما
(كل شى. ٧) فى زمانه ومقدارها ⁴⁹ وكما لا تقدر الشابة والعجوز ان تلد الا فى ابانهما كذلك الارض لا تقوى على
اخراجهم بجمعهم الا فى وقتهم ⁵⁰ فقلت له يا سيدى ۰الارض هرمة فاثنتذ ام شابة فقال لى وهل تستطيع الامرأة
التى قد ولدت اولادا شى ان تكون قوتها كما (٢ om.) كانت فى شبابها فقلت لا فقال كذلك الارض
تتناقص هرمة وتذوب قوتها فقلت يا رب هل بقى من الناس بعدد من مضى ⁵¹ فقال اسءل التى ولدت
⁵² وقل لها ما بال بنوك الاولون لا يشبهون الآخرين ⁵³ وقى تقول لك ان اولاد الكبر لا يشبهون اولاد الشباب
⁵⁴ فقد انبأتك ان قوتها تنقص وتبلى وكذلك الاولون اكثر منكم ⁵⁵ وانتم اكثر ممن يكون بعدكم وكاٰنٌ بكم
(وكان قوا ./.) الشباب قد بطلت منكم ودنا الكبر ⁵⁶ فقلت له يا سيدى ان كنت اهلا فاعلمى بأى شى. تتعهد
خلقك ¹ فقال لى ان بدء الناس وفنائهم فى والى بصيرون وهذا هكذا قبل ان يخلق غبار الارض وقبل ان ترى ٦
مخارج الدنيا وقبل ان هبت الرياح ² وقبل اصوات الرعد وقبل ضوء البرى ³ وقتل زينة ازهار الشاجر وقبل

⁵ qui postea erit, non reddidisti aequales, quo iustitia tua patefieret? ⁴⁶ Et dixit mihi: id non
poterunt creati coaetanei, nisi ope mea, nam ego creator et huius mundi eiusque naturae
fictor sum; homines universos in se una congregare non potuisset. ⁴⁶ Dixi ei: quomodo igitur,
Domine, mihi dixisti, te eum esse, qui cunctas res a te creatas sustentet? ⁴⁶ Dixit mihi: quaere
a muliere, quae decem filios peperit, cur omnes filios non pepererit una. ⁴⁷ Dixi: id non potuit,
sed singulos tantum suo quemque tempore. ⁴⁸ Tum dixit mihi: eodem modo terra; similis est
matri parienti, quae filios suos una parere non potest; ego autem consulo et prospicio rebus
mundi, quem feci, quia creavi res suo unasquasque tempore suaque mensura. ⁴⁹ Et sicut iuvenis et vetula suo tantum temporis momento parere possunt, sic et terra non omnes simul
procreare potest, sed suo tantum tempore.

⁵⁰ Et dixi: domine mi, terrane senio confecta decrepita est, an iuvenis? [*Additamentum:*]
Dixit mihi: num mulieri, quae iam varios liberos peperit, idem atque in iuventute robur esse
potest? Dixi: nequaquam. Et dixit: ita et terra; decrescit senio confecta eiusque robur tabescit.
Et dixi: Domine, num hominum remanserunt tot, quot praeterierunt? ⁵¹ Et dixit: interroga
eam, quae peperit, ⁵² et dic ei: cur filii tui priores non aequant posteriores? ⁵³ et dicet tibi:
liberi senectutis non aequant liberos iuventutis. ⁵⁴ Et exposui tibi, eius robur deminui et con-
sumi; eodem modo priores plures sunt, quam vos, ⁵⁵ et vos plures quam posteri, et est ac si
robur iuventutis a vobis cessaverit et senectus appropinquaverit.

⁵⁶ Et dixi: si dignus sum, domine mi, doce me, quanam re iteratam curam rerum a te
6 creatarum geras. ¹ Et dixit: initium et finis hominum per me sunt et ad me perveniunt et hoc
ita erat, antequam pulvis terrae crearetur et exitus mundi conspicerentur et antequam venti
flarent ² et ante voces tonitrus et ante micantia fulgura ³ et ante decorem florum arborum et

6 ان قوبت شدة الرجفة وقبل اجتماع جنود الملائكة الذين لا عدد لهم ⁴ وقبل ارتفاع الهوى وقبل وصف
مسحة (مساحة ؟) السموات وقبل ذكر ما تحت ارجل صهيون ⁵ وقبل هذه السنين القائمة وقبل ان
تعلب لخوب المذنبين بفجورهم وحرقتهم (وخرقتهم /.) ولبل ان خلقت (خلقت /. ƒ.) كنوز الايمان للذين
احبوا ذلك ⁶ فانا عرفت هذه الاشيا. وفى كونت لا بغيرى ⁷ فقلت يا رب مرينى الفصل من (بين b) هذا
الزمان الذى نحن فيه ومن (؟واخبرنى من .add) انتها. الاول وابتداء الاخر ⁸ وقال لى من ابراهيم ⁹ الذى
اولد اسحق ويعقوب (الى اسحق الذى اولد يعقوب b) وعيسو وكما خرج عيسو ويد يعقوب لازمة عقبه
⁹ كذلك هذا العالم يشبه عيسو والعالم الثانى يشبه يعقوب وهما مقترنان ببعضهما بعض (مقرونان ببعضهما
الى بعض b) ¹⁰ وكما ان راس الانسان بده ⁺ شبابه وجسمه (جسمه وشبابه /. جسده b) وعقبه اقصاه وليس
بينهما فصل كذلك هذا العالم ملاصق (.malc add) هذا ⁷) العالم الاق فلا تلتمس ما بفوقك يا عزير ولا تتطلب
النزهة ¹¹ فقلت له يا سيد ان كانت لى عندك اثرا ¹² فاخبرنى عن الزمان الذى ذكرت فى الليلة الماضية وعن
الايام (الايات /. ƒ.) ¹³ فقال لى قم على رجليك فانك ستسمع صوت كلامه (كلام /.) خفيف لطيف ¹⁴ فان تحركت
الارض تحتك ¹⁵ فلا تخش فاند سيبانيك كلمة من فنا. الدنيا وتفزع (ويفزع) اساس الدنيا ¹⁶ وترعش الكلمة
التى تتكلم (يتكلم) عنهم بها ويظنون ان فناهم قد قرب ومصيرهم الى التغيير ¹⁷ فلما وقفت على رجلى انا
انا بصوت كدوى ما. كثير ¹⁸ يقول ستاجى ايام وكانها قد دنت انا افتقد والتمس جميع من فى الارض ¹⁹ فاذا
وافيت وكان ذلك مى بطلب ضجتهم (ضجتهم ؟ بطلت ضجتهم b) والا امتلات مكابلهم ²⁰ بداىت الايت التى

antequam terrae motuum vires corroborarentur et ante congregatos innumerabiles angelorum 6
legiones et ante sublatum aerem et descriptam coeli dimensionem et antequam commemora-
retur, quod sub pedibus Sionis est, ⁵ et ante annos praesentes (ἐνεστώς) et antequam peccata
peccatorum propter scelera et stultitiam punirentur et antequam thesauri fidei eis, qui id amant,
crearentur (ƒ. l. occluderentur), ⁶ ego cognovi has res et per me factae sunt nec per alium.
⁷ Tum dixi: declara mihi, Domine, disiunctionem ab hoc tempore et [edoce me] de fine
huius et initio posterioris. ⁸ Dixit mihi: ab Abraham ⁺ qui genuit Isaacum et Iacobum (usque
ad Isaacum qui genuit Iacobum b) et Esavum, et sicut Esavus exiit, manu Iacobi eius calcem
amplexa, ⁹ eodem modo hoc aevum aequat Esavum et aevum secundum aequat Iacobum, ita
ut alterum alteri contiguum sit, ¹⁰ atque sicut caput hominis initium corporis et primordium
eius est et calx extrema eius pars, nec est ubi disiungantur. eodem modo hoc aevum confine
est aevo futuro. De eis, quae procul sunt a tua cognitione, noli quaerere, Esdra, nec indagare remota.
¹¹ Tum ei dixi: domine, si aliquo loco apud te sum, ¹² certiorem me fac temporis, quod
praeterita nocte commemorasti, atque dierum (ƒ. l. signorum). ¹³ Et dixit mihi: surge in pedes
tuos, nam audies sonum vocis submissae, lenis, ¹⁴ et si terra sub te tremiscit, ¹⁵ noli timere,
nam de mundi interitu ad te verbum perveniet, et expavescet fundamentum mundi, ¹⁶ et verbum,
quo de eis agitur, terrebit et putabunt, sibi interitum imminere seque ad transfigurationem
ituros. ¹⁷ Et cum in pedibus meis starem, sonum multae aquae strepitus instar audivi ¹⁸ dicentem: venient dies et fere iam adsunt, quibus omnes, qui in terra sunt, visitabo et exquiram.
¹⁹ Et si venio et hoc a me fit, ut in lamentum eorum inquiram, et si mensurae eorum completae
erunt, signum, quocum transfiguratur mundus, incipiet ²⁰ et ego signa edam, et haec quidem:

معها تغيير الدنيا وانا اصنع هذه الآيات وهى ان تنفتح الكتب بين يدى السماء وتظهر جميع البشر مرةً ⁶ واحدةً ²¹ ويتكلم اناس احدات بالسنتهم وينغمون باصواتهم وبهجون (ويلهجحون b) بتهليلهم ويلدن الحبالى فى غير وقتهن · ويهرل الاولاد (om. ⁷) ²² وتزرع مواضع لم تزرع قط لجاءًا (⁷ .om) وتخفى اقراء كانت مملوةً لجاءًا (⁷ .om) ²³ ثم ينفخ فى صور بعد ذلك ويهلهل (ويهلل ⁷ ويلهول b) القرن ويسمع ذلك البشر قاطبةً ويفزع من كان ولد من ادم ²⁴ وفى هذا الزمان يقاتل الاصدقاء ·بعضهم بعضا كقتال العدو لعدوه ويتكبر (ويتعجير ./.) جميع سكان الارض وتهتز (ويفتر ./.) مجارى المياه ولا بسيل الماء ثلاث سنين ²⁵ ومن يصبر فهو يسلم الى حياة العالم ويكون خلاص للدنيا ²⁶ وتخطاب اناس الاضفال (الاطفال ./.) من يدى امهاتهم بغير ذوق (نعم b) موت لمحبنئذ تتغير قلوب جميع سكان الارض وتنتقل الشدتهم الى مكان (الفكار ./.) اخر ²⁷ ويمتحى الشر وينطفى المكر ²⁸ ويقهر الموت ومعرف لحق · وتثمير الاشجار (الايمان ./.) ثمار السنين الماضية (وتقم الايمان وتتم ثمار الزمان والسنين b) ²⁹ وحينما كان يكلمنى كان المكن الذى هو قائم فيه يتحرك قليلاً قليلاً ³⁰ ثم قال لى هالذا قد اتيت لاليشك ³¹ فان صمت سبعة ايام اخر وطلبت من العلى فانا اعرفك بما هو انبل (الخبر b) من هذه الامور ³² لان العلى قد راى استقامتك وستكى من صغرك ³³ ولذلك (ولاجلك ./.) ارسلنى لاعلمك بهذه الاشباه افرح وابتهج ولا تعزنن (./. ⁷) ³⁴ ولا تستعجل الزمن (الزمن ./. ⁷) ولتسرع بل لا تحذر الشر بمالك البتة وكل زمان فلاد أعطى اعله زمان فلا يقولون ان هذا الزمن ... من زمن اخر ³⁵ فصمت ايضا سبعة ايام اخر وصليت (وابتهلت b) وبكيت ³⁶ فلما كان فى الليلة الثامنة تعريس قلبى فى احشاى ³⁷ واغتمت

⁶ Libri coram coelo aperientur et totum genus humanum una in conspectu prodibit, ¹¹ recens nati linguis suis loquentur et vocibus suis verba modulabuntur et hilariter (b cupide) dei laudes canent, et praegnantes alieno tempore parient et [quod signo valetudinis erit] infantes locabuntur ²² et loca, in quibus seri non potest, subito consita erunt et promptuaria, quae plena erant, subito evanescent. ²³ Post haec buccina inflatur et cornu resonat et universum genus humanum haec audit et exhorrescunt, qui ex Adamo nati sunt. ²⁴ Eo tempore amici inter se pugnabunt tanquam hostes, obstupescent incolae terrae et meatus aquarum intermittentur nec fluet aqua tribus annis. ²⁵ Et qui perduraverit, vitae aeternae tradetur et salus mundo erit. ²⁶ Et infantes eripientur (codd. et homines eripient infantes) matribus suis non gustata morte; tunc corda omnium terrae incolarum transformabuntur et animi eorum ad alium locum (f. l. ad alias cogitationes) transferentur, ²⁷ delebitur malum, exstinguetur dolus, ²⁸ mors vincetur, verum cognoscetur · et fides (⁷ arbores) fructus annorum praeteritorum proferet (b et fides perficietur et perficientur fructus temporis et annorum).

²⁹ Et cum mecum loqueretur, locus, in quo steti, paullulum commotus est. ³⁰ Tum dixit mihi: en veni ad te, ut tibi vaticinarer, ³¹ et si per septem alios dies ieiunium servaveris et a deo petieris, tibi nuntiabo, quod his rebus praestantius est. ³² Nam altissimus rectitudinem tuam et vitae inde a pueritia rationem vidit ³³ et ideo me misit, ut tibi has res declarem. Laetare et hilaris sis neque metuas. ³⁴ Noli tempus accelerare nec maturare, at nequaquam malum tibi in mentem veniat; cuiusque temporis hominibus tempus datum est, ut dicere nequeant, hoc tempus alio tempore (opportunius vel tale quid decet) esse.

³⁵ Et iterum septem alios dies ieiunium servavi et precatus sum et flevi. ³⁶ Cum esset nocte octava, cor meum in interioribus meis conturbatum ³⁷ et animus meus contristatus est

6 (وتحركت b) روحى وتكلمت بين يدى العلى ٣٨ وقلت يا رب تكلمت فى اليوم الاول فكانت السما والارض وكلمتك كانت فعلا لانها هيئت (مثلت b) كل شى ٣٩ فكان الروح والكلمة (والظلمة l.) ترف على المياه والعالم بغير صوت انسان لانه لم يكن خلق بعد ٤٠ وامرت وخرج النور من اهرائك (اهرائك l.) ليعلن خلقك ويعرف بدعتك ٤١ وفى اليوم الثانى صنعت السما وجمزت بين الما والما واعطيت الارض منه حظا ٤٢ وفى اليوم الثالث جعلت للمياه مكانا تجتمع انبه ومقدار (ومقدارو b) سبع الارض وشيد (وستنا l.) اسباع الارض يبسا وانشأت ما يزرع فيها ويثمر ويعلى ... ٤٣ كثيرة الانواع وانطعام العذبة العاصلة ٤٤ وفى اليوم الرابع انشأت الشمس والقمر والنجوم ٤٥ لخدمة الانسان الذى كنت معتزما (خلقه add.:) ٤٦ وفى اليوم لخامس امرت البحر باخراج حيوان وزحافة (زحافة l.) وحيتان وضيور ٤٧ فاخرج الما الذى لا ينطق ولا نفس له اشياء مخلوقة متحركة ولم ليكون اسمك ولذكرك ومجاتبك فى كل قرون ودار وجيل ٤٨ وخلقت سبعين وسميتهما باسمين احدهما سميته باهموت (بامور b باموب b) والاخر لوياثن (لوثاين b نوئاس، يوباين b) ٥٠ وفصلت بينهما ٥١ وخصصت باهموت جبر (بحجر b) من الارض اليابسة ٥٢ وفى انهوم السادس ٢ .add الذخت له فى سكى لجبال لان البحر لا يسعهما جميعا ٥٣ واعطيت البحر للوياثن وامرتة ان يكون طعاما لمن احببت متى شئت ٥٥ وفى اليوم السادس (السابع ٢) امرت الارض ان تخرج حيوانا سباعا (وسباء ٢) ودوابا ٥٤ ونسلنا ادم كارادتك ٥٥ ومن اجل الامم الذين ولدوا من اسم فهم باجسمعهم لا ابرون بين يديك شيعا بل قم سببدك ونشاوهم (ونساويهم l.) نفظا كنقطة ما من دلو ٥٧ وقد

et coram altissimo locutus sum ³⁸ et dixi: Domine, primo die locutus es et fuerunt coelum et 6 terra et verbum tuum factum est actio, nam omnia parasti (b figurasti). ³⁹ Et spiritus et verbum (l. tenebrae) super aquas volitabant et mundus voce humana destitutus erat, quia homo nondum erat creatus. ⁴⁰ Et imperasti et lux ex promptuariis tuis exiit, ut quae creaveris manifestarentur et quae effeceris palam fierent. ⁴¹ Et secundo die coelum fecisti et aquam ab aqua discrevisti eiusque partem terrae dedisti. ⁴² Die tertio aquis locum statuisti, quo congregarentur, et septimae terrae partis mensuram, et sex reliquas *statuisti ut essent* aridum, quae protulerunt, quod in eis seritur et fructus reddit et fundit *fruges (deest vocabulum)* ⁴³ varii generis et cibos suaves praestantes. ⁴⁴ Quarto die solem et lunam et stellas protulisti, ⁴⁵ ut homini servirent, quem creaturus eras. ⁴⁶ Die quinto mare iussisti, ut proferret animalia repentia et pisces et volucres, ⁴⁷ et aqua, quae non loquitur nec animo praedita est, creaturas protulit motu suo agi solitas, et cur? ut nomen et memoria et mirabilia tua essent in omni generatione, aevo et saeculo. ⁴⁸ Et duo animalia fera creasti et nominibus appellasti, alterum Bêhemot, alterum Livyathan ⁵⁰ eaque disclusisti ⁵¹ et Bêhemoto partem terrae aridae assignasti et (die sexta *hic perperam inserit* v) permisisti ei, ut montes incoleret, quia aqua ambo non cepit, ⁵² et mare Livyathano dedisti eique imperasti, ut cibo foret dilectis tuis, quando volueris. ⁵⁴ Et die sexto (v septimo) terram proferre iussisti animalia, feras et pecudes, ⁵⁴ nos autem Adam ex voluntate tua procreavit. ⁵⁵ Haec omnia cum bona tua voluntate coram te locutus sum, quia te mundum nostra causa creasse dixisti, sicut scriptum est. ⁵⁶ Et quod attinet ad populos, qui ex Adamo nati sunt, omnes pro nihilo coram te putati sunt, imo servi tui sunt eosque aequat gutta, instar guttae aquae e situla. ⁵⁷ et tamen his populis, qui nihili sunt, Domine, super nos

ملكت علينا هذه الامم التى ليست شيئا يا رب فهى تدوخنا (تدفعنا ٧) ⁸⁸ ولكن شعبك الذين سميتنا 6
بنى البكر (ابنى بكرى b) فازريت بغنمك (بنعمتك b) والطيبت احباءك الى الامم واسلمتهم الى اعدائهم ⁸⁹ فان
كنت صنعت الدنيا (الدنيا ٧) (om.) من اجلنا (om. b) فلم لا نرثها (ترثها b) والى متى يكون هذا
¹ فلما نطقت بذلك اتى الى الملاك الذى اتى الى اول الليالى ² وقال لى يا عزير قم لتسمع ما ارسلت لك 7
³ فقلت تكلم يا سيدى فقال ان هذا البحر العظيم الواسع الذى ليس له غاية هو موضوع على مكان واسع
ومداخله كلها شاقة وسبله الهوى (كنهر .l) ⁵ ومن اراد دخوله الا لم يجز فى ضيق لم يبلغ الرحب والسعة
⁶ واى مدينة مبنية بناء جيدا متقنا على موضع سهل واساسها على قلعة شاهقة ⁷،⁸ ومداخلها ضيقة بقدر
عقب انسان يدخلها النار عن يمين طريقها والماء من شمالها ⁹ اعطيت ارثًا لانسان فان لم يصبر ذلك الانسان
فى نفسه قبل سيره التعب والمشقة لم يظفر بارث من تلك المدينة [ولر ينتاب (ينتأبًّ./.l] ما فيها من الفضل
والنعيم [add. b.] ¹⁰ كذلك الجنة الملوثة من الاطباء النافعة الباقية ¹³ ضاقت مداخلها من يوم الذنب ادم
[فهم باجمعهم لا يبدون بين يديك شيئا بل ثم عبيدك وقد صاروا تحت الامم ٧ add.] فان لم يتعب الرجل
نفسه وبدنه (٧ om.) فى هذه الدنيا لاجل وصايا الله لم يعبر (يدخل b) بقدر يعبر الى نعيم الفردوس الذى اعده
الله لصانعى ارادته ¹⁴ فاما من لم يتعب نفسه وبدنه فى هذا الدنيا ولا يحتمل المشقة لاجل كلمة الله فلا يرث
فضل الآخرة لأن عامة من يفوز انما يفوز ويدرك بالتعب والمشقة واذا دخلوا الجنة وجدوا الفرح والنعيم
الدائم والسابع وهذه الدنيا واسعة فى الاكل والشرب واللذات بغير تدبير الاخى · وكثير بحبها حرًا (٢ om.)

6 imperium dedisti, ut iam nos opprimant (v 'repellant). ⁸⁸ Quod autem attinet ad nos, stirpem
tuam, quos nominasti primogenitos (b fili mi, primogenite mi), despectum reddidisti gregem
tuum (b gratiam tuam) et dilectos tuos populis proiecisti et hostibus tradidisti. ⁸⁹ Et si mundum
nostra causa fecisti, cur eum non possidemus et quousque hoc erit?

7 ¹ Et cum haec locutus essem, venit ad me angelus, qui primis noctibus ad me venerat,
² et dixit mihi: surge, Esdra, ut audias quae ut tibi dicerem missus sum. ³ Et dixi: loquere,
domine mi. Tum dixit: mare hoc magnum et amplum, cui finis non est, situm est in amplo
loco, ⁴ omnes eius introitus angusti sunt et viae eius fluvii similes, ⁵ et qui introire vult, nisi
per angustum transierit, non pervenit ad spatiosum et latum. ⁶ Et si quae urbs bene solide in
loco plano aedificata, cuius fundamentum super arcem altam ⁷, ⁸ et cuius introitus ad mensuram
calcis humanae angusti sunt, quam a dextra viae suae ignis, a sinistra aqua ambit, ⁹ alicui
datur haeredi, eam is, nisi antequam ad eam proficiscitur molestiam et difficultatem secum
considerat, non ut hereditatem occupabit [nec abundantia et iucunda, quae continet, parata
erunt add. b]. ¹⁰ Eadem est ratio paradisi rerum bonarum, utilium, duraturarum pleni: ¹³ introitus eius inde a die, quo Adam peccavit, angusti sunt [omnes pro nihilo apud te putati sunt,
sed servi tui sunt et subiecti sunt populis *male inscrit* v e 6, 50], et nisi quis animo et corpori
in hoc mundo propter dei praecepta molestiam exhibet, ad beatitudinem paradisi, quem deus
eis praeparavit, qui voluntati ipsius morem gesserunt, transire non potest. ¹⁴ Et qui animo et
corpori in hoc mundo propter dei verbum molestiam non exhibet nec difficultatem fert, is
abundantiae futurae vitae haeres non erit, nam plerique qui salvi effugiunt, non effugiunt et
optata consequuntur nisi per molestiam et difficultatem, et si paradisum intrabunt, laetitiam
et beatitudinem duraturam et copiosam invenient, dum hic mundus amplam occasionem edendi

7 ولذلك لا يكنعبون فى العالم العتيد ^{15} فلا تقلق ^{16} (٢ .om) وكيف لا بخطر فى بالك ما قد اعده الله للمومنين العاملين ارادته ونكنك اقبلت على ما فى يديك واحببت العاجل ^{17} فقلت يا سيدى · انت قلت (٢ .om) ان الابرار يرثون الجنة وحدهم والدنياه يهلكون ^{18} اما الابرار فلانهم (فانهم .l) أمنوا · ورجعوا الى (رجوا .l) الرحب والسعة والخطاه لم يومنوا ولم يشعروا على نفوسهم فلذلك لا يرثون النعمة المعدة ^{19} وبعد فلست اعدل من الله ولا افهم من العلى ^{20} وانا اعلم ان الذين ضيعوا الوصية بدانون ^{21} والذين لا يصبعوا (والذين ضيعوا .l.l.) ولا (ولا .l.) بعبدوا الله يكترون (يكرثون .l.) لنفوسهم من الذنوب والعذاب ^{23} لانهم لم يحفظوا وصاياه ولا آمنوا بكلمته بل كفروا وعضوا بافعالهم واقوالهم ^{24} فكيف يقوى من بهلى ويفنى على · ان برث (٢ .om) ما لا يبلى ولا يفنى ولا يفوز بالنعيم من ارتكب المحارم وسلك فى ما يوجب العذاب الاليم ^{25} واذا ان ذلك الوقت سترى كل ما قلته لك وتعرف المكائنة (المكللة .l) الكائنة وتجمع (يجمع .l.) ما قد بدد وباد ويبدو الفعر ^{27} فمن نجا من السيئات الذى ذكرت ابصر العجائب ^{28} وعند ذلك يظهر المسيح وينعم على كل من يعمل بطاعتى (بطاعته ٢) الف سنة ^{30} وتكون الدنيا صامتة هادئة ككونها فى اليوم السابع الماضى ^{31} ثم تتزلزل الارض ^{32} وتقوم عامة من بها نيام وينتبه من التراب دو (ددوو .l.l.) التلاف وتخرج الاحراء ما فيها ^{33} وينتراى العلى جالسا هلى كرسى القضاء لان الدنيا تكون قد انقضت وواق انفناء وعبرت (وعهدت ٢) الرحمة وتناقص الامهال (الابتهال ٢)
b 7 ^{34} وقام القضاء وثبت للحق واعتز الايمان وشهر البر ^{35} وبطل التعدى ' وفتح جب (٢ .om) العذاب واضطرمت

et bibendi et libidinum sine moderatione divina praebet · et multi eum ardenter amant (om. ٢), 7 eamque ob caussam in mundo futuro se non habebunt belle. ^{15} · Itaque noli conturbari (om. ٢). ^{16} Et qui fit, ut tibi in mentem non veniat, quod deus piis, qui eius voluntati morem gerunt, praeparavit, sed in id, quod in manu tua est, lapsus sis et fugacia praetuleris?
^{17} Tum dixi: Tu dixisti (om. ٢), Domine, pios solos paradisum adepturos esse, peccatores autem perituros; ^{18} pii autem confisi sunt et speraverunt spatiosa et lata, at impii non confisi sunt nec sibi caverunt neque ideo salutem praeparatam adipiscentur. ^{19} Et porro: itaque non iustior es deo nec perspicacior altissimo. ^{20} Et scio, de eis qui praeceptum neglexerunt, iudicatum iri, ^{22} et eos, qui non (tolle negationem) neglexerunt nec deo obediverunt, angi animo de delictis et poena, ^{23} quia praecepta eius non servarunt nec eius verbo crediderunt, sed defecerunt et facinoribus et verbis rebellarunt. ^{24} Et quomodo, qui teritur et periturus est, adipisci poterit quae non teruntur nec pereunt? neque beatitudinem nanciscetur, qui vetita commisit et moribus fuit poena acerba dignis. ^{26} Et si istud tempus veniet, videbis omnia quae tibi dixi et cognosces coronatam (q. e. sponsam) quae exsistit, et congregabitur, quod dispersum et perditum erat, et conspicietur fundus. ^{27} Et qui ex malis, quae commemoravi, evasit, mira videbit. ^{28} et tum apparebit unctus et omnes, qui mihi (٢ ei) obedientiam praestabunt, beabit per mille annos. ^{30} Et mundus erit silens quietus, qualis erat die septimo, qui olim fuit. ^{31} Tum terra tremiscet ^{32} et universi, qui in ea dormiunt, surgent, et qui obitum experti sunt, e pulvere excitabuntur, et promptuaria reddent, quod continent, ^{33} et altissimus conspicietur sedens in throno iudicii, quia finis mundi adest et exitium advenit et misericordia praeteriit et indulgentia (٢ precatio) deminuta est ^{34} et iudicium surrexit et ius stabilitum est et fides exsultavit et pietas apparuit, ^{35} et contumacia cassa est ' apertus puteus (om. ٢) sup- 7 b

النار جدا ` وسهلت (شهدت l.) للجنة (om. ۲) ` فيقول العلى للخطائين 'جهروا (نجهروا b 'خورا ۲) b 7 بما انكم (انتم l. قد كفرتم ` وانظروا الى النعمة (والروح b) add. ` والفرح الذى قد اعددته لاوليائى وخذوا اجرتكم عذاب جهنم هذا يكون فى اليوم الكبير الذى هو القصاء ١٥-٤ اليوم الذى لا شمس فيه ولا قمر ولا ليل ولا نهار ولا ريح ولا سحاب ولا رعد ولا برق ولا مطر ولا برد ولا حر ولا طل (طل b) ولا زرع ولا حصاد ولا شتاء ولا صيف ولا مساء ولا صباح ١٤ بل نور بهجة الرب ويرى (يروا ۲) الناس (الحلق b) ما قد اعده الرب العلى وتكون الديمنونة سبعين سنة ١٦ فقلت يا رب طوق للذين يحفظون وصاياك ١٧ ومن من المولودين لم يذنب ١٨ وانا ارى ان قليلا يدخلون النعيم الذى اعددتها للصالحين وكثير يسلكون فى طريق العذاب ١٩ لان قلبنا دخل فى الكفر وهو يدخلنا فى ضيق الموت حتى فى حفر التلاف ٢٠ ولتباعد من لطيباة ٢١ ليس وحودنا بل والاحداث معنا ٢٢ فقال لى اسمع منى حتى اعلمك ٢٣ كما (لم l.) ينبغى ان العلى صنع عالمى اثنين فقلت والصديقون قليل والخطاة كثير فقال اسمع منى ٢٤ وان كنت مكترا (مكترا تت ,مكنزا l.) من الجوهر الفائق والرصاص والفضة ٢٥ فقلت ما هذا يا رب ٢٦ فقال سل الأرض حتى تقول لك واطلب اليها لتخبرك وقل لها انت معدن الذهب والفضة والنحاس والحديد (om. ۲) والرصاص والفخار فاعلمينى ايها اكثر ٢٧ فقلت انا لم الفخار اكثر من الحديد والحديد اكثر من النحاس والنحاس اكثر من الفضة والفضة اكثر من الذهب ٢٨ فقال لى احقرر ايهم ارفع ` واكثر واقل (om. b) ٢٩ فقلت يا رب ما قل فهو ارفع والنفس وما كثر فهو ادنى وارذل ٣٠ فقال من كان معد النفيس فهو يكرم فى الجنة وانا الفرح بالذين م اقل لانهم من اعل (حبابا b) add. النعيم

7 b plicii et ignis valde exarsit ` et paradisus planus est (l. adest) (om. ۲). ` Et deus peccatoribus dicet: ` terrore percellimini (timete ۲), quia defecistis ` et aspicite felicitatem et laetitiam, quas sanctis meis praeparavi, et accipite mercedem vestram, supplicium inferni. Fient haec magno illo die, qui iudicii est, ⁴⁻¹⁵ die, quo non erit sol nec luna nec nox nec dies nec ventus nec nubes nec tonitru nec fulgur nec pluvia nec grando nec aestus nec ros (b umbra) nec satio nec messis nec hiems nec aestas nec vesper nec mane, ¹⁴ sed lumen nitoris domini. Videbunt homines (b creati), quid dominus altissimus paraverit, et iudicium durabit septuaginta annos.

¹⁶ Tum dixi: beati, Domine, qui praecepta tua servant, ¹⁷ et quis natorum est, qui non peccarit? ¹⁸ ego autem paucos video, qui ad salutem accedent, quam piis praeparasti, dum multi in via ambulant, quae ad perniciem ducit, ¹⁹ quia cor nostrum in impietatem incidit, quae nos in via mortis usque ad foveam interitus ducit, ²⁰ et procul a vita remoti sumus, ²¹ non solum nos, sed et parvuli nostri nobiscum. ²² Et dixit mihi: audi a me, ut te erudiam; ²³ cur (cod. sicut) necesse erat, ut altissimus duos mundos faceret? Et dixi: dum iusti pauci et peccatores multi sunt. Dixit: audi a me, ²⁴ si gemmas pretiosas in thesauro reponis et plumbum et argentum ... (mutila haec sunt). ²⁵ Et dixi: quid hoc sibi vult, Domine? ²⁶ Dixit: pete a terra, ut tibi dicat, et posce ab ea, ut te doceat, et dic ei: tu fodina es auri et argenti et aeris et ferri et plumbi et luti, itaque nuntia mihi, quidnam frequentius sit. ²⁹⁻³¹ Tum ego ei dixi: lutum frequentius est ferro, ferrum aere, aes argento, argentum auro. ²⁸ Tum dixit mihi: cave sis, quidnam eorum praestantius est, aut frequentius aut rarius (sic)? ²⁹ Et dixi: Domine, quod rarum est, praestantius et pretiosius est, et quod frequens est, id vilius et levius est. ³⁰ Et dixit: qui pretiosum habet, is in paradiso honoratur; ego enim laetor de eis, qui rariores sunt, quia ad

7 b وقم يشددون مجدى بايمانهم ومحاماتهم عن اسمى ⁵⁴ وليس لى هوى فى كثرة لخطاة الهالكين فى لجحيم
وحريقى انار فى اليوم الاخر ⁵⁵ فالتفت وقلت يا ابتها الارض لم ونخت التعب ⁵⁶ كان خيرا للتراب · اعنى
الانسان (om. b) الا (انه لم b ان لم l.) يخلق. ولم يخطر على بالك الفكر لان الفكر يترقى معنا فنخن فى عناء
وتعب ونعرف الهلاك وانبوار ⁵⁷ جنسنا يولد ويهرج جنس السباع وطير السماء ⁵⁸ لانهم
افضل منا بمهلهم وعدم اكتراثهم وانهم لا يرجون بعد موتهم ثوابا ولا عقابا ولا يدرون ما هى القيامة
⁵⁹ فانويل لنا لاننا احياء بتعب ونصب وبلايا وبعد الموت نرجو القيامة والقضاء ⁶⁰ لان عاداتنا كانت فى الذنوب
⁶¹ وكان خيرا لنا ان لم (الا ٧) نخلق (نكن b) اذ كان مصيرنا بعد الموت الى العذاب ⁶² فقال لى انه حيث
خلق العلى الدنيا جبل ادم ثم ولد عولا كلهم مند وهم صنعوا القضاء بسوء اعمانهم وهو معدّ لتقع (ليقع b)
فيه لخطاة لان الدنيا كانت تفدى (نعيما b) قبل الذنوب ⁶³ فانهم الان ما قلت لكك وانا اقول نكك قائل واعلم
ان الفكر يترقى معك وينمو والذين يسكنون الارض فى تعب لان تفكرهم يذنبون (يدينون ٧) ⁶⁴ ويبعدون
(om. ٧) ولا يجيبون فى اليوم الاخر لانهم عصوا وخرجوا من حدود العهد واخذوا ليحفظوا
(ليصنعوا ٧) فصنعوا (فضيعوا ٧) · بلا جواب (فلا ثواب لهم b بلا جواب l.) فعدوا بيوم الدين للدعان والعلى
امهلهم ليتوبوا ⁶⁵ الى تمام الزمان الذى اعتدوا فيه ⁶⁶ فقلت يا رب ان كنت وجدت عندك (om. ٧) نصيبا
(نعيما om. b, f.l.) ناجية فاعلم عبدك كلمة واحدة فاسئلك عنها ⁶⁸النفس تثبت بلا نعيم حتى يتم الزمان احددناه

eos salus (b vita salutis) pertinet; ei enim gloriam meam fide sua et nominis mei defensione 7 b confirmant, ⁵⁴ neque in deliciis habeo multitudinem peccatorum, qui in inferno et in incendio ignis die ultimo peribunt.

⁵⁵ Et reversus sum et dixi: o terra, cur molestiam peperisti? ⁵⁶ Melius erat pulveri, ' i. e. homini (om. b), si non creatus esset nec eum nunquam subiisset cogitatio, nam cogitatio nobiscum adolescit, ut in cura et molestia simus et interitum et exitium cognoscamus. ⁴⁰ Nam genus nostrum male se habet et laetari potest genus ferarum et volucrium coeli, ⁴¹ quia propter securitatem suam sollicitudinisque defectum nobis praestant et quia post mortem neque praemium neque poenam exspectant nec sciunt, quae sit resurrectio. ⁴² Vae nobis, qui in molestia et maestitia et calamitatibus vivimus et post mortem resurrectionem et iudicium exspectamus, ⁴³ quia in peccatis *versati* nitimur, ⁴⁴ et melius nobis erat, si creati non essemus, cum post mortem in supplicium rapiamur. ⁴⁵ Et dixit mihi: quando altissimus mundum creavit, Adamum formavit, tum ex eo omnes nati sunt, qui malis suis facinoribus iudicium effecerunt idque praeparatum, ut peccatoribus ei obnoxii fierent, quia mundus ante peccata suffecerat (? b: paradisus s. beatitudo erat). ⁴⁶ Intellige nunc, quod tibi dixi, et dico tibi: perspice et scito, cogitationem tecum adolescere et crescere, et qui terram incolunt in molestiis esse, quia cogitatione ducti peccant (v iudicant) ⁴⁷ et abalienantur nec die novissimo de se respondere poterunt, quia rebellarunt et foederis definitiones transgressi sunt, quas ut servarent (v facerent) acceperant, et neglexerunt, non apti qui responderent, et diem iudicii iudici remiserunt, dum altissimus delationem dedit, ⁴⁸ usque ad completum, per quod parabantur, tempus.

⁴⁹ Et dixi: Si, Domine, apud te mihi auctoritas et securitas sunt, servum tuum doce verbum unum; a te enim quaeram, utrum anima beatitudinis expers maneat, usque dum tempus definitum completum est, an *statim* post egressum e corpore beata fiat aut ad supplicium de-

(المرقوم b) ام انعم بعد خروجها من البدن او تصيير الى العذاب ⁵⁰ فقل لى لا تخلط نفسك مع الخطاة ولا b 7
تعدها مع الذين يصيرون الى العذاب فان لك كنزا معدا عند العلى فى السموات ولم (ولا /.) يعرف لك
حتى ينقضى الزمن الاخير ⁵¹ فاما ما سالتنى عنه من امر الموت فان معلمك ان (٢ .om) العلى الذا امر .خروج
النفس من الجسد ⁵² سجدت اولا قدام منبر مجلسه وسبحت الرب ⁵³ فان كانت ممن عصت وتهاونت بامره
صارت الى الجاحجيم والعذاب ولها ولنظراتها مكان مفرد بعاينون فيه النعيم المعد للمومنين بالله العابدين
له وبنظرون ايضا عذاب الكفرة والنار المعدة لهم بمخالفتهم طاعة الرب ⁵⁵ فهم ينظرون ويبكون حسرا على
ما فاتهم والانفس تمر فى سبعة طرق الى ان تعاين افعالها ⁵⁶ فالطريق الاول ضريق معصيتهم للعلى ⁵⁷ والثانية
انهم لا يستطيعون ان يحيوا فيتوبوا ⁵⁸ والثالثة نظرم الى ثواب الصالحين ⁵⁹ والرابعة نظرم الى عقابهم
المعد لهم فى الاخرة ⁶⁰ وللخامسة نظرم الى نعيم من سمع لله واطاع ⁶¹ والسادسة نظرم الى البهتان الجائى عليهم
⁶² والسابعة نظرم الى * ما هو اعظم (من هو اعلى ٢) من كل شى' لانهم يذابون (يذابون /.) بالبهتان وتصر اسنانهم
ويكونون فى خوف ونصب دائم ويعاينون مجد الرب متباعدا عنهم وان مصيرم بعد ذلك الى العذاب الدائم
⁶³ والمحتفظون بوصايا الله الذا م خرجوا من هذا للجسم التالف الفانى لائيم خدموا الله باعتمام ودوام ليتمموا امره
الذى امرم به ⁶⁴ يرون (ويرون ٢ male) مجد الرب ويوسع لهم مداخل المراتب وبنعمون ويستريحون الى وقت
مواعيد الله فتقوم اجسادم غير مرذولة ولا تالفة فيلبسونها ويتعمون (ويتتموا ٢ ويتمتعون /. l) مجد الرب
وهذه النفوس (النفس ٢) تمضى فى سبعة سبيل (طرق b) معدنا لهم ⁶⁵ الاولى لانهم * انتصبوا لخلاف الفكر

7 b feratur? ⁵⁰ Et dixit mihi: te (animam tuam) non immiscebis peccatoribus nec eis, qui ad supplicium deferuntur, annumerabis, nam tibi thesaurus est apud altissimum in coelis paratus, sed notus tibi non fiet, usque dum ultimum tempus finem habuerit. ⁵¹ Et quod me interrogasti de ratione mortis, te doceam. Si altissimus animam e corpore exire iubet, ⁵² primum ante thronum, in quo sedet, procumbit et dominum veneratur, ⁵³ et si ad rebelles eiusque iussorum contemptores pertinet, in infernum et ad supplicium defertur eique et similibus eius locus separatus est, unde eorum, qui deo crediderunt eique obedieverunt, beatitudinem aspiciunt et simul impiorum supplicium et ignem his, quia imperium domini detrectarunt, paratum vident. ⁵⁴ Et videbunt quidem et flebunt ingementes ei, quod amiserunt. Animae autem septem viis incedent, ita ut facinorum suorum consciae fiant. ⁵⁵ Via prima est, quod rebellarunt contra altissimum, ⁵⁷ via secunda, quod amplius, ut resipiscant, vivere non possunt, ⁵⁸ tertia, quod iustorum remunerationem conspiciunt, ⁵⁹ quarta, quod supplicium sibi in altera vita paratum conspiciunt, ⁶⁰ quinta, quod beatitudinem eorum vident, qui deo auscultarunt et obedieverunt, ⁶¹ sexta, quod confusionem sibi instantem conspiciunt, ⁶² septima, quod aliquid omnibus rebus maius conspiciunt, quia confusionis liquescent et dentibus frendent et in perpetuo metu et maestitia erunt et gloriam dei intuebuntur a se procul remotam, et quod posthac in perpetuum supplicium deferentur. ⁶³ Et ei, qui praecepta dei observarunt, ex hoc corpore perituro morituro egressi, quia deo studiose et perseveranter omni tempore servierunt, ut quod eos iusserat exsequerentur, ⁶⁴ domini gloriam videbunt eisque introitus ad gradus *superiores* dilatabuntur et commoda et quieta vita utentur usque ad tempus promissionum dei; tum corpora eorum nulla labe infecta immortalia excitabuntur eaque induent et complebunt (f. l. fruentur gloria?) gloriam dei, et hae animae septem semitis sibi paratis incedent. ⁶⁵ Prima, quia cogitationi *malae*

b 7 (الكفر b) (الحموا لخلاف والكفر ٧) الذى نشأ معهم لئلا يخرجوا به من لخيمنا الى الموت والثانية ليروا الغرف
والعذاب المعد لنفوس لخطاة ⁶¹ والثالثة لانهم حفظوا الناموس الذى اوصاهم به الرب ⁶² والرابعة ليعرفوا مراتب
نعيم الملائكة ويراقبوه حتى يبلغ الوقت الذى حتم الله لهم ⁶³ ولخامسة لانهم تنجحوا (تنجحوا ٢) من التلف
(التلاف b) ⁷⁰ ولخلصوا من العناء الموجب الموت ويرجون لخياة الدائمة ⁷¹ والسادسة لانهم يكونون نورا
(انوارا b) كالشمس والقمر والكواكب ⁷² والسابعة وهى ارفع من عله كلها وهو انهم يفرحون بنظرهم وجه الذى
خدموه فى حياتهم البشرية وبنائون اجرئهم حياة العالمين جميعا ⁷³ وعله مواعيد انفس الابرار وكل مسلط
على نفسه حيثما شاء (٢ om.) سلكت بها (٢ om.) ⁷⁴ اما فى النعيم ⁷⁴ واما فى العذاب ⁷⁵ فقلت يا رب هل تعطى
النفس بعد خروجها من لجسد ان ترى عذا الذى مرئتنى به ⁷⁶ فقال لى تعطى انفس سبعة ايام ان ترى
ثم بعد ذلك تساق الى افراشها تكمون عناك الى انقضاء الاجل ⁷⁷ فقلت يا رب ان يكن لى عندك دالة عرفى
هل تستطيع الابرار محو ذنوب لخطاة رفع العذاب المعد لهم وهل يستطيع اب ان ينفلت ولده او اخ اخاه
او صديق صديقه او عشير عشيره ⁷⁸ فقال لى ان فى يوم العذاب وكل انسان يعطى حقه اى شئ كان ⁷⁹ وكما لا
يستطيع الانسان يقول لصاحبه ⁸⁰ اشخص عنى · واكسب عقلا (٢ om.) او نم بدلى او كل او اشرب عنى
او اكتس بدلى ⁸¹ كذلك كل انسان يناله بقدر ما قد تقدم من عمله فلا يستطيع احد ان يضر صاحبه
او ينفعه ⁸² فقلت يا رب قد وجدت ابراهيم سألك فى اهل سدوم وموسى فى اباتنا لما اغنبوا فى البرية
⁸³ ويوشع بن نون فى بنى اسرائيل لما اغنبوا ⁸⁴ وداود فى قبيلته لما غضب الله عليهم بسبب احصائه بى

(7 b impietati) restiterunt secum natae, ne per eam e vita in mortem exirent. Secunda, ut 7 b
metum et supplicium videant, quod animis peccatorum paratum est. ⁶¹ Tertia, quia legem,
quam eis dominus edixerat, servarunt. ⁶² Quarta, ut gradus beatitudinis angelorum cognoscant
eamque usque dum tempus eis a deo constitutum adveniat exspectent. ⁶³ Quinta, quia a rebus
perituris (تلف *cum lat.*; ۷ ab interitu) recesserunt ⁷⁰ et a cura, quae mortem affert, se libera-
runt et sempiternam vitam sperarunt. ⁷¹ Sexta, quia lux (b lumina) erunt instar solis et lunae
et stellarum. ⁷² Septima, quae omnibus his altior est, quod aspectu faciei eius, cui in vita sua
humana servierunt, gaudebunt et simul mercedem suam adipiscentur, vitam aeternitatum. ⁷³ Et
hae sunt promissiones animis piorum factae, dum cuivis de se ipso (de anima sua) arbitrium datum est; uti vult, ducit eam sive in beatitudinem ⁷⁴ sive in supplicium. ⁷⁵ Tum dixi: Domine, num
animae post exitum e corpore dabitur, ut videat hoc quod mihi exposuisti? ⁷⁶ Dixit: animae
septem dies dabuntur, ut videat; tum post hos ad promptuaria sua ducitur, ubi sit usque ad
finem temporis praestituti.

⁷⁷ Et dixi: si mihi, Domine, tecum familiaritas est, certiorem me fac, num pii culpam
impiorum abdere et supplicium eis paratum tollere possint et num pater filium aut frater
fratrem aut amicus amicum aut socius socium liberare possit. ⁷⁸ Dixit mihi: Dies supplicii ...
(deest aliquid) et quivis homo quod ei debetur accipit, quidquid sit, ⁷⁹ et sicut nemo alii dicere
potest: ⁸⁰ meam age personam ˙ et acquire mentem (om. ۷) aut dormi meo loco aut ede aut
bibe pro me aut vesti te meo loco, ⁸¹ sic cuique tribuetur pro ratione facinorum anteriorum
neque quisquam alii nocere aut prodesse poterit. ⁸² Tum dixi: Domine, inveni Abrahamum 7
te deprecatum esse de populo Sodomitico et Mosen de patribus nostris, postquam in deserto
deliquerunt, ⁸⁷ et Iosuam filium Nuni de Israelitis postquam deliquerunt, ⁸⁸ et Davidem de gente

اسرائيل وسليمان فى يوم تقديس البيت المقدس ⁴⁸ وايليا فى القحط وابن الارملة الذى احياه البشع فى ⁷
البيت حين بعثه من الاموات ⁴⁹ وخراقيا الملك فى قومه يوم حصار سلوم (سنوم l.) ملك بابل له وغيرهم كثير
⁴¹ فاذا كان الابرار يطلبون فى الخطايا وهم فى السوء الكثير (انشر الكبير ǀ) فاجيبوا فما بال مثلهم لا يجاب
⁴² فقال لى ان كنه (كيّة ۴) عذه الدنيا لا تدوم ولذلك كان الاقوياء يطلبون فى اهل الضعف لانهم ينحلون
من (فى ۲) عذه الدنيا بعد ايام ⁴⁸ فاما يوم القيامة فهو فناء العالم وهو اليوم الذى ينفذ (ينفك ؟) اتلاف فيه
وتملك فيه الحياة وكذلك (ولذلك l.) نرى النور وللحياة ولوى على التلاف لانه لم يكن بقوى على منفعة هناك
او هنا ينتفع به ⁴⁴ وفى تمام هذه الدنيا وابتداء العالم اعتهد لبثبتن العدل وللحق • وبظهر الصدق (وتعرف
[ترفع l.) للخلقة ؟) ⁴⁵ ولا يستطيع انسان ان (۷ om.) ينفك اضانا من العذاب ولا يزكيه ⁴⁶ فقلت له هذه
كلمى الاول انه كان الاصلح للارض ان لم (لا ۷) تخرج آدم ⁴⁷ واى منفعة للناس ابرارا كانوا او مجرمين ومصيرهم
بعد الموت الى العذاب ⁴⁸ يا ادم ما (۳ om.) الذى صنعت بخطاياك وادخلك على نفسك وكل نسلك المصرة
⁴⁹ اى فى ⁵⁰ او منفعة لك فى العمر الدائم وحنى وانت نتوقع العذاب بعد الموت ⁵⁰ فان كنا بعد ان (فاننا
بعد ان كنا .l l.) نرى الرجاء الذى لا يموت نصير الى البلاء ⁵¹ فما الذى ينفعنا فضل الاقراء المعدة وحن
لعذب وحترم الراحة ⁵² والذين راقبوا معاملة الله و شرائعه م محفوظون بمجد العلى وحن لا ينفعنا ما نحن
فيه من الفرح والبشاشة ⁵³ بنور (ينور l.) الفردوس الذى سيظهر ⁵⁴ وحن نبعد عنه ولا ندخله ⁵⁵ فما الذى
يجدى علينا النور الذى هو اضوء من لمع الكواكب المعدا للذين عملوا اصطلاحات وجوهم (وجوههم l.)

⁷ sua, postquam deus propter recensum Israelitarum iratus est, et Salomonem die consecrationis
templi ⁴⁸ et Eliam de siccitate et filio viduae, quem 'Elisaeus, cum eum a mortuis suscitaret
(haec emendandi studio addita videntur), in domo vitae restituit ⁴⁰ et Ezechiam regem de populo suo die, quo Σαναχαρίμ rex Babylonis eum obsidione pressit, et alios multos. ⁴¹ Si igitur
pii de peccatoribus, dum in multa (b magna) improbitate erant, deprecati et admissi sunt,
cur non admittentur similes? ⁴² Et dixit mihi: mundus pro natura sua non durat, ideo fortes
deprecabantur de debilibus, quia ex hoc mundo post paucos dies discedebant. ⁴³ Dies autem
resurrectionis exitium mundi est, et dies quidem, in quo interitus praeterit (b effugit) et vita
occupatur (sic), invaluerunt igitur lux et vita et praevaluerunt interitui, qui illic usui esse non
potuisset aut ex quo hic utilitas non perciperetur. ⁴⁴ Et in huius mundi fine et futuri initio
stabilietur iustitia et ius ' et manifestabitur veritas (b et cognoscetur [*l.* tolletur?] peccatum)
⁴⁵ nec homo hominem e supplicio liberare nec insontem declarare poterit.

⁴⁶ Tum dixi: hoc prius meum verbum est, terrae utilissimum fuisse, si Adamum non edi-
disset, ⁴⁷ et quid prodest hominibus, utrum pii fuerint aut scelerati, cum post mortem ad
supplicium deferantur? ⁴⁸ O Adam, quid effecisti peccatis tuis et eo, quod tibi et omnibus
posteris tuis damnum intulisti? ⁴⁹ quae satietas aut utilitas tibi ex mundo sempiterno est, dum
nos et tu supplicium post mortem exspectamus? ⁵⁰ Nam postquam spem, quae non moritur,
vidimus, in supplicium deferimur, ⁵¹ et quid nobis abundantia promptuariorum paratorum prodest, dum punimur et quiete caremus? ⁵² Et qui conversationem dei ad leges eius observarunt,
gloria altissimi custoditi sunt, dum nobis laetitia et voluptas, in qua sumus, non prodest ⁵³ luce
paradisi (*f. l.* Lucebit paradisus), qui apparebit ⁵⁴ dum nos ab eo removebimur nec intra-
bimus. ⁵⁵ Et quem nobis fructum afferet lux, quae splendore stellarum lucidior est, quae *stellae*

7 تعصى كالبرق ولكن فى معصيتك وتعدى وتترك شروط الله ووجوهنا لذلك سود مثل الظلمة ⁶⁰ لاننا لم نفتكر فيما كان بانفسنا بلتت صدودنا عن الصواب حتى وثقنا انا بعد موتنا نصير الى العذاب الاليم ⁶¹ فقال لى ان هذا العالم هو معدن الاجتهاد ولذلك دفع الى الانسان ليعتنى فيه ويخرج (يجرح l.) منه ⁶² فان كان قد اجتهد فيه وحفظ الوصية وورث (ورث l.) فى الآجلة وان غاب من تراخيه ورث ما يكره ⁶³ ولذلك اعلم موسى فى حياته الجماعة سبيلين فقال خير لكم الحياة ولا الموت لئلا بموتوا ⁶⁴ فلم تسمع له الناس ولا لمن كان بعده من الانبياء ولا اجابونى انا ايضا لما كلمتهم ⁶⁵ لذلك لست احزن اذا هلكوا بل كنت اريدهم يجمعون ويدخلون فى الحياة ⁶⁶ فقلت له الان علمت بقينا ان الرب العلى يسمى الغفور الجبار لا (لانه l.) بفضل من لا يعرف انجذبا برحمته ⁶⁷ ولقبوله التائبين اليه ليغفر لغربهم ⁶⁸ ويعلن بذلك رأفته على من عصى ومن يحيى (يحيى l.) ⁶⁹ ولولا رأفته لم يعش احد ولم تثبت الدنيا بسكانها الى اليوم ⁷⁰ ولكنه يعطى للخيرات برحمته وعدله ولا يستطيعوا (يستطيع l.) 8 الخطاة ان يكونوا ابرارا ولا يشاكلوهم فى شىء من الاشياء ¹ فقال لى ان هذا العالم خلقه العلى لكثير وخلق العالم العتهد لقليل ² فتبصر (فتامل b) با عزير واعلم انه قد يكون من الطين ° للواحد كثير (الطيان كثيرة b) والتراب الذى يخرج الذهب قليل وهكذا الناس فى هذا العالم ³ من مضى منهم ومن يحيى ⁴ وقليل منهم ينجى (يحيى ٧ يحيى b) ⁴ فقلت لنفسى من الان اسلكى فى التوبة على فضل معرفتك ⁵ فان الذى يفلت من الموت قليل ⁶ فقلت له يا سيدى أاذن لعبدك فى التضرع اليك لتهب لى ورثا ولبا حصيفا حتى اعيش واحيى

eis paratae sunt, qui recte egerunt et quorum facies fulguris instar splendebunt, dum nos 7 contumaces nec obedientes nec factorum dei memores fuimus et facies nostrae tenebrarum instar nigrae sunt, ⁶⁰ quia non consideravimus ea, quae nobis tempore, quo a recto declinavimus, prodesse potuissent, ita ut persuasi fuerimus nos post mortem ad supplicium acerbum delatum iri. ⁶¹ Tum mihi dixit: hic mundus est, in quo certamen reperitur, idcirco homini destinatum est, ut in eo laboret et ab eo vulnera accipiat. ⁶² Et si in eo certavit et praeceptum servavit, haeres erit in vita futura et si propter languorem vincitur, ingrata adipiscetur. ⁶³ Ideo Moses de vita populi duas vias indicavit; dixit enim: melior est vobis vita quam mors, ne moriamini. ⁶⁴ Sed homines ei aures non dederunt, neque prophetis qui post eum erant, neque mihi, postquam eis locutus sum, obedierunt. ⁶⁵ Ideo non contristatus sum, cum interirent, sed volui, ut obedirent et in vitam ingrederentur.

⁶⁶ Tum dixi ei: nunc certo scio, dominum altissimum nomen habere indulgentissimi fortissimi, quia eum, qui mundum non cognoscit, misericordia sua vindicat ⁶⁶ et benigna receptione resipiscentes, ut condonet peccata eorum, ⁶⁶ et ita clementiam suam eis, qui praeterierunt et qui vivunt (l. venient), palam facit. ⁶⁷ Et nisi clementia eius esset, nemo viveret nec mundus cum incolis suis ad hodiernum usque diem exsisteret. ⁶⁸ Sed in misericordia et iustitia sua bona dat nec peccatores pii esse possunt nec hos ullo modo aequare. ¹ Tum mihi dixit: hunc mundum 8 altissimus pro multis creavit et futurum pro paucis creavit. ² Contemplare, Esdra, et cognosce luti esse ⁴ singulis magnam copiam (b luti genera vel fictilia multa), pulveris autem, qui aurum secernit, paucum; tales sunt homines in hoc mundo; ³ qui ex eis praeterierunt et qui venient [adde: multi sunt] et pauci ex eis salvi evadent.

⁴ Tum dixi animo meo: inde ab hoc tempore vive in poenitentia, uti optime intelligis; ⁵ nam qui mortem effugiunt pauci sunt. ⁶ Eique dixi: num, domine mi, servo tuo ad te preces

ولا ارذل وآدم (فى .add) ارض انسان واحد وانت واحد ولكن خلق كثير وصنعته بيديك كما قلت ° وحبيث 8
خلقت خلقك جعلت فيهم· ارايا واعضايا شتى كل لنك فى جسد واحد وصنعت من ذلك للجسد ام الاولاد
السنية (؟ السيدة an ,sic) حوى وابدعت الماء والنار وانت المحيى للاجسد وخالقه اعضاء فى بطن امه
فتحمله فى بطنها تسعة اشهر ° وانت الذى قويتها على ذلك وانت الذى تحفظها ¹⁰ فاذا ولدت قطر من
ثديها لبن تغذوه وتربيه ¹¹ فيكون (فتكون .l .f) سبب حياتا للجسد الذى منه (منها .l) ولد وكان قبل كونه
وانت بحكمتم (مربيهم .l) برحمتك ¹² وعدلك وانشهم (وبالغ بهم ?) بحكمتك ¹³ للمميتين (للممات .l) وباعث
خلقك اذا شئت ¹⁴ فاذا (قال .l) كنت انت بعناء تذول خلقت وتعبت ببديك وتفعل بهم ما تفعل فلم
خلقتهم ¹⁵ وانا القائل لك يا رب محبنا من رؤيتك (ورائتنك .l) الذى عالى امرها وعن العاملة والشعب خاصة
الذى انا شديد الوجد به ¹⁶ ونائح عليه وهو يعاقرب اسرائيل الذى اعنى بامره ويتعاقضى ما عرض له ¹⁷ فانا
اسئلك من اجله ولاجل من راى (رايت .l) سقطتهم ¹⁸ وانا اعلم ان يوم عدل (مجمل .l) بوم الدين سباق وبفصل
بين الناس ¹⁹ فلذلك استجب لى وامع قولى فانى اقول بين يديك انا العزير بعوذتك وابتهلت اليك قائلا
²⁰ ايها الرب انساكن فى علا العاليين وانعالى فوق الهواء ²¹ وبمجده فوق السموات ورحمته على كل شى الذى
ليس لشواك حرز ولا يدرك مناك (مقامك aut ثنانك .l .f) بل جنود ملائكتك قيام بين يديك برعب
وخوف ²² وهم نار وروح وكلمتك سلطنة ²³ وامرك نافذ ومن رؤيتك تيبس اغوار الماء وباتهارك تذوب الجبال

⁸ fundere permittes, ut ei pietatem des et animum iudicii subtilis, ut vivam et server nec depraver et in terra hominis sepeliar (ἐκφέρειν pro φορεῖν). ⁷ Tu unus es, at nos creatura multiplex sumus et opus manuum tuarum, ut dixisti, ⁸ et cum creaturam tuam creares, in eam membra et nervos varios indidisti, omnia illa in unum corpus, et ex hoc corpore fecisti matrem (ΕΝ ΜΗΤΡΙ pro ΕΝ ΜΗΤΡΑΣ) liberorum pravam (?, an leg. dominam?) Evam, et aquam et ignem procreasti, dum tu es, qui corpori vitam das idque ita creas, ut membris in utero matris constet, in utero eius novem menses gestandum; ⁹ tu autem es, qui ad hanc rem eam corroboravit et tu, qui eam servat. ¹⁰ Tum si peperit, ex eius mammis lac stillat, quod illud nutrit eique incrementum dat, ¹¹ et causa fit vitae corporis inde (l. ex ea) nati, et erat (causa?) antequam esset. Tu autem educas eos misericordia tua ¹² et iustitia tua et perducis eos in sapientia tua ¹³ ad mortem et resuscitas creaturam tuam, quotiescunque vis. ¹⁴ Et cum tu longo labore creaveras teque fatigaveras manibus tuis et iam eis facis, quae facis; cur igitur eos creasti? ¹⁵ Et ego sum, qui ad te, Domine nostrum amantissime, loquitur pro hereditate (cod. aspectu) tua, cuius causa me terruit, et pro universis et pro populo imprimis, de quo maximo doleo ¹⁶ et plango, Iacobum Israelem dico (verba inversa fuerunt), de cuius rebus sollicitus sum et cuius sors mihi gravissima est. ¹⁷ Itaque ego te propter eum rogo et propter eos, quorum lapsum video, ¹⁸ et scio diem iudicii, qui veniet et inter homines distinguet, iustum fuisse (l. festinasse). ¹⁹ Propterea preces admitte et audi vocem meam, nam coram te loquor, ego Esdras te rogo et tibi supplico his verbis.

²⁰ Domine, qui habitas in saecula saeculorum, qui altior es aere, ²¹ cuius gloria supra coelum est et misericordia supra omnes res, cuius mansio praesidio non eget, cuius laudes (ita f. l., nisi mavis locum) assequi nemo potest, at cuius angelorum legiones coram te stant in timore et tremore, ²² qui sunt ignis et ventus, tu cuius verbum severum ²³ et iussus efficax est,

⁸ وعدلك قائم لا يزول ⁹¹ انصت واسمع صلوات خلقك والتفت الى كلامى ⁹² فانا انطق ما دمت حيا واجيب ما دمت فهم ⁹³ ولا تلتفت الى راى تضاجيع رعيتك وتعدبهم بل التفت الى الذين يخدمون بحق وايمان ⁹⁴ ويحفظون وصاياك بعناء وتعب ⁹⁵ شاخصين اليك ⁹⁶ ولا تنظر الى الذين يشبهون البهائم لهم فى جميع اعمالهم يخطئون ⁹⁷ ولا تؤاخذ للحيوان بذنوب الناس واستجب للذين يتوكلون على رحمتك كل حين ⁹⁸ لأننا ومن سلف قبلنا خلقك وانت احصى الرؤوف المتحنن ونحن نذنب وليس لنا اعمال بارة ⁹⁹ قال كر الصديقين الذين بالغوا فى رضاك واجتهدوا فى محبتك ¹⁰⁰ واى شى هو الانسان حتى تسخط عليه واملا هالكة تائفذ حتى تتمر لأجلها ¹⁰¹ وليس احد من الامم لم يكفر بناسوتك (بناسوتك ؟) ولا مخلوق لم يذنب ¹⁰² وانما تعرف رحمتك وعدلك ايها الرب بانك تغفر للكافرين والمذنبين ¹⁰³ فقال لى قد تكلمت بالصواب وانا فاعل ما سالت ¹⁰⁴ غير ذاكر لذوب ⸱ من الذب وتاب واحتفظ بوصاياى (ما الذبوا ونابوا وحفظوا وصاياك ؟) ¹⁰⁵ فابشر والرم بلابرار ¹⁰⁶ كما قلت لك فاق كذلك افعل ¹⁰⁷ لانه كما ان الفلاح الذى يزبل الارض يبذر انواع البذار ويغرس طرائف (طرائف ؟) الاشجار ولا ينبت له ذلك كله كذلك ليس من خلق فى هذه الدنيا يثمر كما يجب ¹⁰⁸ فقلت له يا رب ان كانب عندك مرتبة فاذن لى بالنطق بين يديك بهذا المثل ¹⁰⁹ وهو ان الزارع لا ينبت زرعه الا بماء جار او بمطر ¹¹⁰ خلقت الذين (الذى /.) شبهت خلقك على صورتك بزرع الارض الذى (التى /.) لاجله خلقتها وخلقت كل شى⸱ ومثلته بزرع الفلاح ¹¹¹ ارث لشعبك ايها الرب وارحم

cuius aspectu ima maris siccescunt, cuius obiurgatione montes liquescunt, cuius iustitia per-8 manet nec desinit, ⁴⁹ attende et audi preces figmenti tui et animum ad verba mea intende; ⁵⁰ tum loquar, quamdiu vivus, et respondebo, quamdiu mentis compos ero. ⁵¹ Animum noli attendere ad aspiciendam infirmitatem et delicta populi tui, sed attende ad eos, qui in veritate et fide serviunt ⁵² et praecepta tua diligenter et laboriose servant, ⁵³ te intuiti. ⁵⁴ Noli oculos in eis figere, qui pecudibus similes in omnibus suis facinoribus peccant, ⁵⁵ nec animalia propter hominum delicta punire, eosque, qui tuae misericordiae semper confidunt, votorum fac compotes, ⁵⁶ quia nos et qui ante nos fuerunt, tuum figmentum sumus, tu autem es, qui vitam dat, clemens, misericors, dum nos delinquimus ⁵⁷ nec nobis facinora proba sunt. ⁵⁸ Recordare iustos, qui favori tuo enixe student et amorem tuum omni ope acquirunt. ⁵⁹ Quis est homo, ut ei irascaris, et populus periturus, interiturus, ut de eo exacerberis? ⁶⁰ Nemo tamen est e populis, qui a lege tua non defecerit, nec creatus, qui non deliquerit. ⁶¹ Et inde misericordia tua et iustitia cognoscuntur, Domine, quod eis qui defecerunt et deliquerunt ignoscis.

⁶² Tum mihi dixit: recte locutus es et faciam, quod rogasti, ⁶³ haud recordatus delicta eorum, qui deliquerunt, resipuerunt et praecepta mea servarunt, ⁶⁴ laetatus autem et gavisus in piis. ⁶⁵ Sicut tibi dixi, sic agam, ⁶⁶ nam sicut agricola, qui agrum stercorat, varia semina spargit et recentes arbores plantat, nec tamen omnia haec germinant: eodem modo non quicunque in mundo creatus est fructus ut decet fert. ⁶⁷ Tum dixi ei: Domine, si apud te auctoritatem habeo, permitte mihi, ut coram te hac similitudine utar: ⁶⁸ semen seminantis non germinat nisi per aquam vivam aut pluviam; ⁶⁹ figmentum tuum, quod ad tuam formam finxisti, comparasti semini terrae, quam propter illud creasti, et omnia creasti et semini agricolae assimilasti. ⁷⁰ Dole vicem populi, Domine, et patrimonii tui misereat et creaturam tuam serva.

ميراثك ولي خلقك ¹⁰ فقال لى من (ما) قام من الزرع والغرس فهو شهيد (بشبه .l.) الذين يقومون على حظهم 8
وما يقتل فهو يشبه الذين يسهكون (يسبخون .l.) ¹¹ اما تعرف هذا او هل تحب خلقى اكثر مى ولد
الخبث (اجنبت .l.) ¹² نفسك من لحظاظا مرارا كثيرا ولا تنزل نفسك تلك المنزلة ¹³ وقد مجبت بذلك عندى
¹⁴ لانك باتضامك ارضيت مزى بل تنزل نفسك منزلة الابرار فلذلك مدحت ¹⁵ ويجب يا عزير ان تلتفت
الى شألك وتفتش (وتفييس .l.) ¹⁶ نفسك وتفكر فى امرك ....

واذا رايت بعض ما ذكرت لك ⁸ فاعلم ان الوقت الذى اراك فيه لاتقد الدنيا التى خلقت قد دنا 9
⁹ وعند ذلك تظهر زلازل فى اماكن وفتن فى الناس ومشورات سوء فى جماعات الولاة وتقوم اراكنة فاسدة
⁴ فاذا رايت ذلك اعلم ان العلى قد نطق به (بذلك كله b) والا الرب تكلمت فى بده الدنيا لتعرف ما مضى
وما بقى ⁵ والازمنة الذى (التى) قدرتها تعرف عند فنائها ⁷ لمن استطاع الانفلات من الذنوب والاحتفاظ
بالايمان ⁸ نجا من العذاب وراى النعيم ¹⁰ ولا تجيب (تبحث .l.) ¹¹ يا عزير مما لا يعنيك بل التمس لحياة
لصديق ⁹ ولا تكن كالخاطئ ¹² فقلت ¹³ يا رب ان كثر من يهلك اكثر ممن يفوز ¹⁴ كما ان الارض تنبت
اعشابها وتهتز (وتهتز .cod) نباتها ويعرف كل نوع بزهره وورقه وثمره على حده كذلك كل انسان بعاقب
بقدر عمله ¹⁵ وكما يجمع الفلاح حصاد ⁺ ارضه الى (۲ .om) الاندر كذلك ادخر خلقى بسرعة الى العالم
العتيد الذى خلقت وهيأت ¹⁶ وكما ان للفلاح اوان زرع واوان حصاد كذلك هيأت هذه الدنيا للتعب
والعمل وانا جامع خلاى الى الاجل الذى قد احببت استعداده لهم ¹⁷ ومعنى الذين حفظوا وصاياى ⁺ وما

8 ¹⁰ Dixit mihi: seminata et plantata, quae enascuntur, aequant eos, qui officio suo satisfaciunt,
et quae emoriuntur eos, qui inertes sunt. ¹¹ Nonne haec scis? aut creaturam meam me ar-
dentius amas? saepius te ipsum a peccatoribus disiunxisti nec eos exaequare voluisti. ¹²Ideo
mea admiratione dignus es, ¹³ quia humilitate tua dignitati meae satis fecisti nec te piis ex-
aequari voluisti et propterea laudatus es. ¹⁴ Et oportet, Esdra, ut rem tuam aggrediaris et te
ipsum explores (ᵥ aestimes) et conditionem tuam consideres.......

9   Et si vidisti partem eorum, quae tibi commemoravi, ² scito, tempus, quo adveniam mundum a me creatum visitaturus, proximum esse. ³ Tunc terrae variis locis motus orientur et
seditiones inter homines et mala consilia in magistratuum coetibus et principes perniciosi surgent. ⁴ Et si haec vides, scito id (b add. omne) altissimum pronuntiasse. Ego enim dominus ab
initio mundi locutus sum, ut cognoscas, quod praeteriit et quod superest, ⁵ et tempora quae prae-
finivi cognoscentur, dum evanescunt. ⁷ Et qui delicta effugere et fidem servare poterit, ⁸ supplicium evitabit et beatitudinem videbit. ¹⁰ Noli sciscitari (cod. respondere), Esdra, id quod ad
te non pertinet, sed quaere vitam iusto neque esto ut peccator. ¹¹ Et dixi: ¹³ Domine, dico:
qui pereunt, plures sunt, quam qui evadunt. ¹⁴ Sicut terrae herbae germinant eiusque plantae
laete virent, et quodcunque genus flore fronde fructibus secundum speciem suam cognoscitur,
ita omnis homo pro ratione facinorum punitur. ¹⁷ Et sicut agricola terrae suae messem in
aream colligit, ita universam meam creaturam ad mundum, quem creavi et institui, futurum
congregabo, ¹⁸ et sicut agricolae est tempus serendi et tempus metendi, sic hunc mundum
institui ad laborem et operam, et creaturam meam ad constitutum, quem volens eis praeparavi, diem cogo, ¹⁹ et eis, quae praecepta mea et quae eis praescripsi, servant, do mensam

9 مهدته اليهم (b om.) مئدنا (٧ om.) من انمها لا ‍ تبيد ولا تتلف (يبيد) بتلف ‍‍‍ تكهد b) باكلون عليها
(منها ٧) ويشربون، لانهم تعبوا وحزنوا فى حياتهم هذه العاجلة لاجل امرى وتسبيح اسمى ومن ضيع حظه
(خصلة b) من الناموس ا‍غير فان ولا بال ولا مدرك ورغب فيما يبلى ويتلف فهو يرذل ويصير نفاية خلفى وتبطل
العبارة وتتعطل من اجل اعوجاج الناس وصدهم عن سبيلى ١١ عند ذلك استبقيت من العنقود خصلتا صغيرا
وخلفت منهم نصبة من غيضة ١٢ وسائر الناس بادوا وهلكوا عن جلهد الارض ١٣ وقال لى الملاك الذى كان
يكلمنى انبعث سائرا الى حيث نيس بناء يبنى فكن هناك سبعة ايام ولا تصم ١٤ بل كل من زهر الاعشاب واغصان
الكلاء ولا تاكل لحما ولا تشرب خمرا ١٥ وتضرع الى العلى بحرص واتضاع لانيك (لانبثك ٧) والكلمك ١٦ فبدأت
اسير الى موضع يقال له المنشر كما قبل لى وجلست فى وسط زهر العشب واكلت عشب الصحارى وصار هذا
مشبعا لى كشحم ودسم ١٧ وكنت فى هذه السبعة ايام متوكلا على الكلام (الكلا ‍‍‍/.) فابتدأت افكر بقلبى لأول
مرة ١٨ عند ذلك انفتح فاى (فمى) فكلمت العلى وقلت ١٩ يا رب انت ظهرت لابائنا فى البرية لما خرجوا من
ارض مصر واجزتهم ارضا لم يمش فيها ولم تثمر فقلت لهم ٢٠ اسمع منى وانصت نحوى يا شعب يعقوب ٢١ فانى
زارع ناموسى فيكم (om. ٧) يثمر وتتمجدوا به الى الابد ٢٢ فاخذه اباؤنا ولم يحتفطوا به لضعف نياتهم
ولانهم لم يستطيعوه فضمروا ما لا يجب اضماره فيهم ٢٣ فمن اخذ الوصية ولم يحفظها هلك ٢٤ لان الزرع يبذر
فى الارض يثمر والسفينة تعبر فى البحر لتتجمع وتكسب كثيرا والاناء الفخار يحصل فيه اشبه. توكل وتشرب

(fortuito, ut sequentia docent, vox in v deest) e coelo, quae⁸ neque minuitur neque finem habet 9
(b non frustratur), in qua edant et bibant, quia in hac labente sua vita propter res meas et
in laudem nominis mei in labore et maerore fuerunt, et qui suo ex lege non peritura nec
marcescenti nec comprehensibili officio deest et eis quae marcescunt et evanescunt studet, is
reicitur et purgamentum creaturae meae fit, et quae culta sunt, vana et inania fient propter
hominum perversitatem et a viis meis declinationem. ¹¹ Interea ex uva mihi conservavi race-
mum parvum et retinui ex eis residuum ex arundineto, ¹² dum reliqui homines sublati sunt et
a superficie terrae perierunt. ¹³ Et angelus, qui mecum colloquebatur, dixit mihi: festinanter
abi in locum, in quo aedificium aedificatum non est, et mane ibi septem dies, nec a cibo ab-
stineas, ¹⁴ sed flores herbarum et graminis surculos ede, cave autem edas carnem et vinum
bibas, ¹⁵ et altissimo vehementer et submisse supplica, ut ad te veniam (v tibi nuntium affe-
ram) et tecum loquar.
¹⁶ Tum in locum profectus sum, qui appellabatur locus quo laete virent plantae (legit
APAAT, ut alter Arabs APAAT; cogitasse videtur de voce APAEYTOΣ coll. v. 24), ut audiveram,
et medios inter herbae flores sedi et herbas desertorum edi, quae satietatem mihi afferebant,
ut pingue et adeps, ¹⁷ et his septem diebus in gramine recubui et incepi animo cogitare, ut
prima vice feceram. ¹⁸ In his cum essem, os meum apertum est et altissimum allocutus sum et
dixi: ¹⁹ Tu, Domine, patribus nostris in deserto apparuisti ex terra Aegypto egressis, et per
terram nondum calcatam infecundam eos duxisti eisque dixisti: ²⁰ audi a me et attende voci
meae, stirps Iacobi, ²¹ nam in vobis legem meam sero, quae fructus ferat et qua in sempi-
ternum illustremini. ²² Eam acceperunt patres nostri, non tamen servarunt propter consilium
imbecillum et quia ei pares non erant, et cogitationibus indulserunt, quibus indulgere non de-
bebant, ²³ ut, qui praeceptum accepit nec servavit, perierit. ²⁴ Nam semen in terra seritur, ut

⁵⁴ وتحفظها أياما كثيرة وإن تغيير منها شيء رمى به ⁵⁵ وكذلك نحن اتخذنا (الخذنا ./) ناموسك في قلوبنا ولم 9
نحتفظ به فاخذنا وتجاسرنا على القبيح فاسلمنا إلى الهلاك ⁵⁶ ومنهج شرائعك لم يهلك بل دام على حاله
⁵⁷ فبينما انا في هذا الفكر (التفكر ة) اذ التفت فرايت امراة تبكي بحرقة * وتخرق ثيابها (وتنشر شعرها وتنتف
ضفائرها ٢) * وتجعل الرماد على راسها (وتضع على ما تنتفه ربانا كثيرا ٢) وكان صوتها صحيحا (صاحيحا ./)
⁵⁹ فاضربين مما كنت فيه (٢ .om) وتمشعين (وهشمين ة فتمشيعت ٧) ايتها قائلا ⁵⁹ يا امرأة لم تبكين
وتتأسفين فقالت ⁶⁰ دعي يا سيدي باكيها متأسفة لأن مريرة النفس جدا ⁶¹ فقلت لها اعلميني امرك وما لقيت
فقالت ⁶² انا كنت عاقرا مع زوجي ولم احد البتة منذ ثلثين سنة ⁶³ وكنت اطلب الى ربي ليلا ونهارا لانه
لم يكن لي ولد ⁶⁴ وبعد ثلثين سنة استجاب الله لي واعطاني ابنا ففرحت به جدا انا وزوجي واهل مدينتي
وحمدنا للجبار وشكرنا العلي ⁶⁵ وربينا (ورابينا ٢) الغلام بتعب شديد ونصب بالغ ⁷ فلما ادرك زوجناه واصلحت
له يوم فرح ونعمة ¹ فلما دخل ابي * بيت فرحه (٢ .om) وقع ميتا فصار نور سراجنا حزنا ² فعزاني اهل 10
مدينتي وصمت الى الليلة الثانية (الثالثة ٢) ³ فطن من عندي الى قد (٢ .om) سهوت عنهم ونمت (وممنت ٢)
فقمت من ليلتي هاربة الى هذا المنشر كما ترائي الآن ⁴ وانا عازمة (مصرة ة) ان لا ادخل مدينتي (بيتي ٢)
ابدا بل اصوم واصلي حتى يجيءني الموت ⁵ فتركت انا العزير ما كنت فيه وقلت نها ⁶ اراك خرقة (حرقة ٢)
من جميع النسا اما ترين ما بلينا به وللعباد ⁷ من حزن صهيون لأنها قد فرغت ونحمكم عليها جدا وأمر

---

9 fructus ferat, et navis in mari vehit, ut multa colligat et magnum lucrum faciat, et in vas fictile imponuntur res ad vescendum et bibendum aptae ⁵⁵ easque per multos dies tenet, et si quid corrumpitur, abicitur. ⁵⁶ Sic nos tuam legem in cordibus nostris accepimus neque servavimus, sed deliquimus et turpia ausi sumus, ut exitio traderemur. ⁵⁷ Sed ratio legum tuarum non interiit, sed mansit, qualis erat.

⁵⁸ Et dum ego ita cogitabam, respexi et vidi mulierem ardenter lacrimantem * et vestimenta discindentem (v comam solventem eiusque gradus evellentem) * et cinerem super caput spargentem (v et ubi evulserat multum cinerem iacientem), cuius vox lamentum erat, ⁵⁹ et omisi, quod agebam, eamque his verbis adii: ⁶⁰ cur fles, mulier, et lamentaris? Et dixit: ⁶¹ sine, domine mi, fleam et lamenter, quia valde amara sum animo. ⁶² Et dixi: doce me conditionem tuam et quid tibi acciderit. Dixit: ⁶³ Ego sterilis fui cum marito meo nec unquam inde a triginta annis peperi. ⁶⁴ Et dominum meum rogavi noctes diesque, quia liberos non habebam, ⁶⁵ et post triginta annos deus me audivit et filium mihi dedit, quo valde laetati sumus, ego et maritus meus et incolae urbis meae, et fortissimum laudavimus et altissimo egimus gratias, ⁶⁶ et puerum magna cum molestia et eximia diligentia educavimus ⁶⁷ et cum adolesceret, eum
10 matrimonio iunximus et adornavi ei diem laetum et lautum. ¹ Et cum filius meus domum laetitiae suae intraret, mortuus cecidit et lux lucernae nostrae in maerorem mutata est. ² Me autem consolati sunt cives mei et cibo abstinui usque ad alteram (v tertiam) noctem. ³ Et cum domestici me sui incuriosam dormire putarent, statim surrexi, ad hunc locum plantis virentem fugiens, sicut me nunc vides. ⁴ Et statutum mihi habeo, ut nunquam in urbem (v domum) meam intrem, sed ieiunium servem et precer, usque dum mors mihi veniat. ⁵ Et reliqui ego Esdras, quod agebam, et dixi ei: ⁶ video te praeter omnes mulieres mente alienatam esse; nonne vides, quem pertulimus et reperimus ⁷ maerorem de Sione, quia de ea actum et iudicium

10 لذلك فى حزن كبير ° فان كان ينبغى ولا بد ان تبكى ونحن باجمعنا معك فليبك (وليبكن ٢) ذلك على
صهيون وان كنت حزينة حقا ° فاسئلى الارض واستعلمى التراب فانها تخبرك وهى احق بالحزن والنوح والبكاء
١٠ لان الانسان خلو منها بقد ولد منها خلق كثير فماتوا ومنهم من قد مضى ومنهم من سيأتى° ومعاد
الناس الى التلاف ١١ وليس يجمل بك ان تبكى على واحد ١٢ فقالت ليس يقاس حزنى بحزن الارض ولا بشاكله
لانى اهلكت ثمرة بطنى التى ولدتها بعناء ونصب (وتعب ه) ١٣ والارض تتقدم وتستمد (فقلت لها ١٤ كما انك
ولدت ابنك بمشقة وعناء كذلك الارض تعطى ثمارها بمشقة وعناء (٢ om.) ١٥ فانظرى الان اى مثنف اعظم
واصبرى على ما انت فيه من الحزن ١٦ فانك انت عصيت الرب انت (الابنى ./.) فى زمان مصيرك مع النساء
تكونى تشكرين ./. ١٧ فادخلى الى المدينة وارجعى الى زوجك فقالت ١٨ لا ادخل الى المدينة بل اموت هاهنا فى هذا
المنشر ١٩ فعادلتها ايضا وقلت ٢٠ لا تفعلى هذا بل ° انظرى ما (اعتبرى بما ه) عرض لصهيون وطبيعى واجلسى
وانعمى واعتبرى بمصيبة يرشليم ٢١ وخراب بيت المقدس والسلاب المذبح وعدم الهيكل ٢٢ وتعطيل تسابيح
الله ولبول مجدنا ولهابه واعترازنا (وذهاب اعترازنا ./.) ودنس نور سرجنا وغرق سفينة انوسنا وديس
الهيكل وطمنه وتضييع الاسم الاقدس المنصوب اليه ونل اشرافنا واصفهانا° بيت قدسنا° ونهب البيعة وابرجتة
ومصيبة عذارانا بالجرم (الجرم ./.) العظيم القطيع وما لقته مشايخنا من الاهانة وانتهاب ابرارنا وذلة اطفالنا
وسجود شبانن وخضوعهم وتعبدهم ووهن استاذينا ٢٣ وانتقاض مجد صهيون وتسليمها الى اعدائها ٢٤ فاعتبرى

decretum est et omnes propterea in magno luctu sunt. ⁸ Et si decebat et necesse erat, ut 10
fleres, de Sione hoc fieri debebat, etsi merito maesta es. ⁹ Et interroga tellurem et quaere a
terra, nam te edocebit; ad eam enim luctus et planctus et fletus magis pertinent, ¹⁰ quia homo
ex ea creatus est et multae ex ea creaturae natae sunt, at mortuae sunt, et inter eas sunt,
quae praeterierunt et quae venient, dum homines ad interitum reducuntur. ¹¹ Nec te decet
de uno flere. ¹² Et dixit: luctus meus luctui terrae assimilari non potest nec eum aequat,
quia fructum uteri mei, quem cum labore et opera peperi, perdidi, ¹³ terra autem promovetur
et novis copiis renovatur. Et dixi ei: ¹⁴ sicut tu filium tuum cum molestia et labore peperisti, sic terra fructus suos cum molestia dat, ¹⁵ et reputa iam, utra molestia gravior sit, et
perfer luctum, in quo es. ¹⁶ Nam tu deo obstitisti; fac constans sis tempore † quo evadis ....
cum mulieribus laudaberis. ¹⁷ Itaque urbem ingredere et ad coniugem tuum redi. Dixit:
¹⁸ urbem non ingrediar, sed hic in loco plantis virente moriar. ¹⁹ Et reprehendi eam iterum et
dixi: ²⁰ noli sic agere, sed respice, quid Sioni acciderit, et obedi et sede et animum recipe (?) et
exemplum tibi cape de calamitate Hierosolymorum, ²¹ et vastatione aedium sacrarum, et ever-
sione altaris et destructione templi ²² et abolitione hymnorum divinorum et gloriae nostrae im-
minutione ⁰ et iactura et contumelia nostra (f. l. et iactura alacritatis nostrae) et exstinctione
lucis lucernarum nostrarum et demersione navis legis nostrae et conculcatione et exauguratione templi et neglectu sanctissimi, ad quod referimur, nominis et contemptu nobilium nostrorum et electorum aedium nostrarum sanctarum et direptione vasorum et turrium, vi virginibus
nostris scelere atroci turpi illata, contemptu senibus nostris exhibito, direptione piorum, iniuria
parvulorum nostrorum, humiliatione et servitute adolescentium et debilitate magistrorum nostrorum ²³ et fine gloriae Sionis eiusque ad hostes deditione. ²⁴ Itaque exemplum cape, mulier,

اينها الامراة وانزعى عما انت فيه وابعدى عنك هذا الوجد واضلىء الى الله ان يرضى عنك ويدفع عنك 10
البلاء منك ⁵³ فبينما انا اكلمها الى اضاه وجهها بغتة اضحى فرايتها كالبرق فعزعت منها فزع شديدا ⁵⁴ فرايت
بجانبى كمدينة وبدأت اتفكر قائلا ما شى عذا فصاحت بغتة وتزلزلت الارض من صوتها ⁵⁵ والتفت ولم
ار امراة بل رايت مدينة تبنى (v. om) واساسها عظيم جدا فعزعت وصرخت باعلى صوتى ⁵⁶ اين ارئيل الملاك
الذى كان يجيبنى فى البدء لانه هو الذى ادخلنى فى علم الامور وسبب لى المرور الى ارض تبر ولا ملكا
(? ملتقى I. f.) ⁵⁷ فبينما انا كذلك اذ لق الى ذلك الملاك الذى يجيبنى فى البدء وراى ⁵⁸ منصاجعا على
الارض متغير العقل فاخذ بيدى وقوانى واقامى وقال لى ⁵⁹ لما تعربست (ما لك b) وتغير وجهك فقلت
⁶⁰ من اجل بركتك اياى (تركك اباى .I) وبعدك عنى وانا لاجل محبتى اياك قدمت اذ عاعنا فرايت ما لا
اقدر على وصفه فقال لى ⁶¹ قدى ابتدا فقلت ⁶² انطق يا سيدى ولا تدعنى اموت فى غير وقتى ⁶³ فلى رايت ما
لم (لا I.) ابلغ ذكره وسمعت ما لم (لا I.) استطيع ان اسمعه ⁶⁴ وقلت ان فكرى تغير ⁶⁵ وانا اسئلك يا سيدى
ان تعرف عبدك ذلك فقال لى ⁶⁶ اسمع لاعرفك ما تتخوف منه واعلم ان العلى قد جعلك اعلا لوحيد ويعرفك
سرائره ⁶⁷ لانه علم ان بعد رجوعك من سبيك تتحرر (تتحزن b) بعصافة (كثيرا v) فى امر العامة وتبكى
على صهيون بكاء مرا (امراه b) ⁶⁸ فاعلم ان الامراة ⁶⁹ للحزينة ⁴ التى رايتها تبكى (v. om) ⁷⁰ فى صهيون والبناء
الذى رايت اساسه عظيما انباؤك انها ستبنى ⁷¹ واما شكواها الملك انها طفر مذ ثلثين سنة هو انه قد مضى

10 et desiste ab eo, quod agis, et abice hunc dolorem et pete a deo, ut tibi faveat et hanc calamitatem a te repellat.

⁵³ Et dum ita cum ea loquor, subito coram me facies eius enitescit eamque fulguris similem video, et maximopere eam extimeo. ⁵⁴ Et ad latus meum vidi aliquid urbis instar, et dum incipio cogitare, quid hoc sit, subito clamat eiusque clamore concutitur terra, ⁵⁵ et me convertens non amplius mulierem video, sed urbem, quae aedificabatur et permagna fundamenta habebat. Et extimui et alta voce clamavi: ⁵⁶ ubi est Uriel angelus, qui mihi antea respondebat, nam hic est, qui me in has res implicavit et occasionem dedit, ut in hanc terram (ΤΟΠΟΣ pro ΣΚΟΠΟΣ?) exitii nec frequentiae (?) abirem. ⁵⁷ Interea venit ad me ille angelus, qui mihi antea respondebat, et vidit me ⁵⁸ prostratum in terra, mente alienatum, et manum meam dextram prehendit et me corroboravit et surgere fecit et mihi dixit: ⁵⁹ cur conturbatus es et vultus tuus deformatus? Et dixi: ⁶⁰ quia me deseruisti et a me discessisti: ego autem propter tui amorem huc accessi et vidi, quod describere non possum. Et dixit mihi: ⁶¹ narra denuo. Et dixi: ⁶² loquere, domine mi, noli sinere praeter tempus meum moriar; ⁶³ nam vidi, cuius memoriam non assequor, et audivi, quod tradere non possum. ⁶⁴ Et dixi: cogitatio mea alienata est; ⁶⁵ itaque te rogo, domine mi, ut servum tuum haec doceas. Dixit mihi: ⁶⁶ audi, ut te ea doceam, a quibus times, et scito altissimum te dignum fecisse, quocum communicet, et secreta sua tibi indicaturum esse, ⁶⁷ quia novit te post tuum ex exilio reditum rebus populi tui prudentissime (v admodum)* et ardentissime studere (b maerere) et acerbissime (b muliebri more) flere. ⁶⁸ Itaque scito, mulierem ⁶⁹ maestam,* quam flere vidisti (om. v), ⁷⁰ esse Sionem, et aedificium, cuius fundamentum vidisti magnum, nuntium tibi esse eam aedificatum iri, ⁷¹ et quod tecum questa est, quod sterilis sit inde a triginta annis: praeterierunt

10 لها (٧) om. ثلثة الاف سنة لم يقرب فيها قربان ٤٦ ثم بنى سليمان بعد ذلك مذبحا وقرب فيه قرابين للعلى ومعنى ذلك قولها ولدت العاقر ابنا ٤٧ وقولها (وقالت ٧) انها ربته بعناه وتعب هو مسكن يروشليم ٤٨ وقولها دخل بيت عرس فمر ميتا في النكبة التي اصابتها ٤٩ فرايت مثالها وشبهها ثم تبكى على بنيها (بيتها ٧) ثم اخذت في مذلها وهذا كل ما اراك الله اياه واوحى انيك ٥٠ لما عرف من نيتك ومحررك على صهيون فاراك اياها في المنشر ببهجة وبها. كما رايت نور المرأة ٥١ واساسه سيبنى (ببنى b سنبنا ٧) ٥٢ ولا تخش ولا تقلق لذلك بل ادخل وانظر الى الضوء وبنا. تلك المدينة ما استطاعت عيناك النظر ٥٦ والذان اسماع ٥٧ فطوباك جدا لانك اسميت العزير وسمعت من الاعلى ٥٨ ولكن البث هناك ليلة اخرى ٥٩ لعلى اخبرك ٦٠ برؤيات اخر وما سيصنعه

11 الله فى الزمان الاتى بجميع من يسكن الارض (بناظر وسرائر اخر b) ٦٠ فمكثت هناك كما قال لى ١ فرايت فى الليلة الثالثة نسرا يتخلاى ٠ من البحر (٧) om. فى الجو (الهواء b) وله عشرة اجنحة ٠ وثلاث رؤوس ٢ فبسط اجنحتة (٧) om. على الارض كلها وكانت ارواح (كل ٧ male add. الى) voluit) الارض تساق اليه وجميع السحب تجمع له ٣ ثم رايت اجنحة صغارا خرجت من تحت الاجنحة الكبار ٤ ورؤوس ساكنة هادئة والراس الاوسط اعظم وانبل من الاخر ٥ ورايت ذلك النسر حيث بسط اجنحته ليملك على الارض كلها وسكانها ٦ ورايت جميع ما تحت السما. قد خضع له مذمنا لذلك وليس شئ يقوى على منازعته ٧ ورايت لما تقدم على مخالبته (مخاليبه /.) ٨ صاح. بصوت اجنحته (بصوت بلجنحته /.) وقال ٠ لا تنتبه علمتكم (ربا (واحدة .f add) بل بلم كل

ei tria millia annorum, quibus oblatio in ea facta non est. ⁴⁶ Tum Salomo post haec altare 10 aedificavit, in quo altissimo oblationes obtulit, et huius significatio est, quod dixit, sterilem peperisse filium. ⁴⁷ Et quod dixit, se eum labore et opera educasse, significat habitationem Hierosolymorum. ⁴⁸ Et quod dixit, eum intrasse in thalamum et mortuum cecidisse, calamitatem significat, quae in eam invasit. ⁴⁹ Et vidisti imaginem et similitudinem eius de filiis suis lugentis; tum eam reprehendere (κατηγορεῖν pro παρηγορεῖν) aggressus es. Haec omnia tibi deus monstravit et manifesta fecit, ⁵⁰ quia cognovit intentionem tuam ardensque de Sione studium, et hanc tibi in loco plantis virente pulchram et decoram monstravit, qualem vidisti mulierem effulgentem, ⁵¹ et fundamenta eius denuo exstruenda. ⁵² Noli igitur timere neque sollicitari, sed ingredere et contemplare splendorem et aedificationem huius urbis, quantum contemplari oculi tui ⁵⁶ et audire aures tui possunt. ⁵⁷ Valde beatum te, quia Esdras nominaris atque altissimum loquentem audisti. ⁵⁸ Sed mane hic noctem aliam, ⁵⁹ fortasse tibi declarabo alias visiones et quid deus futuro tempore omnibus terrae incolis facturus sit.

⁶⁰ Ibi moratus sum, sicut mihi dixerat. ¹ Et in tertia nocte aquilam vidi e mari in aere 11 gyros variare, cui decem alae et tria capita erant, ² et expandebat alas suas super totam terram et terrae venti ad eam agebantur et omnes nubes ad eam colligebantur. ³ Tum vidi alas parvas sub alis magnis enatas ⁴ et capita eius tranquilla quieta erant et tertium caput maius et insignius, quam cetera. ⁵ Et vidi hanc aquilam, cum alas expanderet, ut imperium totius terrae eiusque incolarum occuparet, ⁶ et vidi omnia sub coelo ei submisse parere nec ullam rem contra eam contendere posse ⁷ et vidi eam, cum procederet super ungues suas, vociferari clamore pennarum suarum (l. inclamantem pennas suas) et dicere: ⁸ nolite omnes semel (f. l. simul) vigilare, sed quovis tempore suo quaeque vestrum loco dormiat et vigiletis,

احد منكم بمكانه وكونوا ملتبهين فى كل حين (وانت b) ° ¹⁰ واما الرووس فلتتقدم على حالها الى انقضاء الزمان 11
¹² ورايت الرووس ليس يخرج (يوحذ b) منها نغمة بل من (٧ om.) وسط جسد النسر ¹³ وعددت الاجنحة
الصغار البارزة من تحت الكبار فوجدتها ثمانية ¹⁴ ورايت احدها قد قام من الجانب الايمن وملك على الارض
كلها ¹⁵ ثم اتى عليه انقضاء ثم قام الثانى وملك زمنا كبيرا ¹⁶ ثم فنى ولم ير واتى عليه ما اتى على الاول ¹⁷ وجاء
منه صوت بغتة قائلا ¹⁸ قد ملكت الارض زمنا كبيرا فابشر (يا نسر ٧) ¹⁹ فان احدا ممن (اخر من ٧) يكون
بعدك لا يملك مثل نصف زمانك ²⁰ ثم قام الثالث ايضا وملك وقتد ودولته ثم انضاف ولم ير الثو واتى عليه
ما اتى على نظرائه ²¹ ° وكذلك بقى (وعلى هذا القيمت تلك ٧) الاجنحة انى ملكت فلم ير لها اثر ²² ورايت
الاجنحة الصغار توسل (تامل b) الملك ومنهم من انضاف عاجلا ²³ ومنهم من قد تكبر وقام ليملك فلم يعط
ذلك ²⁴ ورايت ايضا اثنى عشر جناحا من انفس مختلفة ²⁵ ولم يبق غير الثنين سوى الاجنحة حتى لم يبق
فى جسم للملك النسر غير رؤس سكوت (ساكنة b) ²⁶ ورايت سبعة اجنحة اخر وقد انفرد منها اثنان وملكا
الى الجانب الايمن واخصصا رؤسهم (راسهما /.) لما كان تحت راس الجانب الايمن ولم تتحرك الاربعة الاخر
²⁷ عن اربعة اجنحة البتتين (نبتت /. انقبهوا b) وتفكرت فى ان تملك ²⁸ ورايت الثنين اخر (اخرين /.) قد
نبتا واتفكرا فى ان يتسلطا ²⁹ فبينما هما يتسلطان اذ صاح احد الرووس الساكنة وكانت (وكان /.) اكبر من
الاخر (الاخرين /.) الباقيين ³⁰ ثم التغت ذلك الراس مع الراسين الاخرين فاكلوا للجناحين الباقيين الخارجين
من الاجنحة لانهما كانا يؤملان ان يتسلطا ³¹ وضبط ذلك الراس الارض كلها وانتصب واستولى على جميع

---

11 °capita autem maneant, qualia sunt, usque ad finem temporis. ¹² Et vidi, non ex capitibus egredi vocem submissam, sed e medio aquilae corpore. ¹³ Et numeravi alas parvas, quae sub magnis proruperant, et octo esse inveni. ¹⁴ Tum unam earum vidi surrexisse e latere dextro et totius mundi imperium occupasse. ¹⁵ Tum ei accidit interitus; tum secunda surrexit et imperium obtinuit per longum tempus. ¹⁶ Tum interiit nec amplius visa est eique accidit, quod accidit priori, ¹⁸ et subito venit ab ea vox, quae dixit: ¹⁸ per longum tempus terram tenuisti et iam annuntiabo (٧ o aquila) … ¹⁷ nam nemo inter eos, qui post erunt, imperium tenebit aeque ac dimidium tuum tempus. ¹⁸ Tum surrexit tertia et ipsa et imperium occupavit per suum tempus suasque vices, tum exstincta est nec eius apparuit vestigium et accidit ei, quod paribus eius acciderat. ¹⁹ ° Et eodem modo reliquae (٧ et ita proiectae sunt) alae, quae regnaverant, nec earum apparuit vestigium. ²⁰ Et vidi alas parvas sperare regnum, et aliae ex eis celeriter exstinctae sunt ²¹ et aliae se extulerunt et surrexerunt, ut imperium occuparent, sed eis non permissum est. ²² Et vidi iterum duodecim alas ab aquila (*provenientes?*), diversas, ²³ neque supererant nisi duae praeter alas, ut in corpore illius aquilae non superessent, nisi capita silentia. ²⁴ Et vidi septem alias alas, ex quibus duo se separaverunt et ad latus dextrum accesserunt et caput inclinarunt ei, quod sub capite dextri lateris erat, nec loco motae sunt quatuor reliquae ²⁵ † a quatuor alis, quae germinarunt et imperare molitae sunt, ²⁶ et vidi duas alias, quae germinarunt et regnare cogitarunt. ²⁷ Et dum hae cogitabant, en clamavit unum capitum silentium, quod reliquis duobus maius fuit. ²⁸ Tum se convertit hoc caput cum duobus aliis capitibus, et alas duas reliquas, qui ex alis provenerant, comederunt, quia se imperaturas sperabant. ²⁹ Et hoc caput totam terram in potestate tenebat et stetit et in omnes terrae

11 سكان الارض وايضا ملكا على العمران اكثر ممن كان قبله من الملوك الفائلة ⁵⁵ ورايت لذلك الملك الراس الاكبر قد
هلك مثل الاجنحة ⁵⁴ وقام راسان اخران فامسكا وضبطا سلطانا وكان لهما دولة وسلطانا على جميع سكان
الارض ⁵⁵ ورايت الراس الايمن قد ابتلع الراس الذى كان فى الشمال ⁵⁶ ثم سمعت صوتا يقول انظر قدامك
وتباحر ⁵⁷ فإن (كمثل .add) الاسد ينتصب ويخرج من الغيضة وهو يزأر (ويهمهم b .add) فقال الاسد بصوت عال
⁵⁸ اسمع منى لاكلمك فقال ⁵⁹ انت بقيت من الاربع السباع الذين ولّوا على العالم وعلى يديهم (الدييم ./) يجئ
الفنا، فى كل زمان ⁶⁰ وانت ايها الراس الرابع الذى جئت فغلبت كل السباع الماضية وملكت على الدنيا
بتعب ونصب ومشقة واعتمام شديد فلم تترك شيئا ومكثت زمانا كبيرا بدغل وزيرافية ⁶¹ وجرت الارض بلا عدل
⁶² وتمسكت بتعجيرك واتخذت دوى (لدوى ./) الهالكة وعلم الراى وانزلت الملكة بذوى الفضل ونفست الابرار
واحببت الكاذبين ودمرت على قصور اهل الخدمة وضعضعت حيطان من لم يضرك ⁶³ وارتفع تجديفك الى
السماء وانتهى كبرك (كفرك ?./) الى الجبار ⁶⁴ فالتفت العلى الى الزمن الذى حده ووقته فاذا العالم قد دنا الى
الفنا، ⁶⁵ ولكنك لم تر (لا ترى ./) ما يسرك ايها النسر ولا اجنحتك المذهبة المرعبة ولا اجنحة اجنحتك
السمر، ولا ريشك (روسك ./) المتعجرفة ومجالسك (مخالبيك ./) القبيحة ولا جسمك الشرير ⁶⁶ بل تستريح الارض
منك وتخلص الدنيا من شدتك حتى يعرف الله القهار ويرجو (ترجو ./) دين الخلق ويتوقع رحمة الخالق ¹ ولما قال 12
الاسد هذا قدام راس النسر ² طفئ مكانه وقام لجناحان الذان كانا عنده ليملكا وكان فنا، الروس فصارت
فتن ³ واختفيا الراسان وصار جسد النسر كاحترق بالنار ومجبت الارض من ذلك جدا وفزعت انا وانتبهت

incolas dominationem habuit et in homines diutius regnavit, quam reges, qui praecesserant et 11 interierant. ⁵³ Et vidi hoc caput maximum periisse, sicut alas, ⁵⁴ et surrexisse duo capita altera et imperium arripuisse et tenuisse et in omnes incolas terrae regnum et dominationem habuisse. ⁵⁵ Et vidi caput dextrum devorasse caput, quod a sinistra erat. ⁵⁶ Tum audivi vocem dicentem: contemplare, quae ante te sunt, et considera. ⁵⁷ Nam quasi *(hoc e reliquis testibus addendum requirit articulus)* leo excitabatur et exiebat de arundineto rugiens *(add. b et vociferans)*, et leo dixit voce alta: ⁵⁸ audi me, ut tecum loquar. Et dixit: ⁵⁹ tu superfuisti e quatuor feris, quibus dominatio mundi data est et per quas interitus omni tempore venit, ⁶⁰ et tu, caput quartum, quod venisti et omnes priores feras vicisti et in mundo cum miseria calamitate molestia sollicitudine gravi imperium habuisti, nec quidquam reliquisti et longum tempus permansisti cum malignitate et violentia, ⁶¹ et terram sine iustitia rexisti ⁶² et mordicus tenuisti superbiam tuam et viles et amentes adhibuisti et praestantia insignes dignitate privasti et pios odisti et mendaces dilexisti et palatia mansuetorum destruxisti et muros eorum, qui te non laeserant, diruisti. ⁶³ Ascendit blasphemia tua usque ad coelum et pervenit insolentia tua ad fortissimum. ⁶⁴ Altissimus iam respexit ad tempus, quod circumscripsit et definivit, et ecce, mundus interitui propinquus est. ⁶⁵ Tu autem quod te oblectabit non videbis, o aquila, nec videbunt alae tuae formidabiles terribiles, nec alae alarum tuarum pessimae nec capita tua superba nec ungues tui turpes nec corpus tuum improbum, ⁶⁶ sed terrae a te otium erit et mundus a vehementia tua liberabitur, ut deus victor cognoscatur, et verum iudicium sperabit et misericordiam creatoris exspectabit. ¹ Postquam leo haec coram aquilae capite locutus est, ² statim evanuit, et sur- 12 rexerunt alae duae, quae ut regnarent apud eam fuerant, et interitus capitum accidit et seditiones ortae sunt, ³ et capita duo occultata sunt, et corpus aquilae quasi igne combustum fuit,

مستشعرا قائلا لربى ^{4} انت ادخلتى (اوجعلتنى b) فى هذا كله لانك التمست انباع اثار العلى لتعرف سبله 12 ^{5} وكذلك (لذلك l.) صغرت لنفسى واخلست قولى من الرهب الذى عرض لى فى تلك الليلة ^{6} وانا ارغب الى العلى ان يقوينى الى الدهر ^{7} فقلت يا رب ان * كانت لى منك لنجبة واتصل (اتصل b) بك تضرعى ^{8} قوى وايدلى وعرفى تفسير هذه الرويا ليبتهج قلبى ونفسى ^{9} اذ كنت قد جعلتى اهلا لعلم ما يكون فى اخر الازمان ^{10} فتراءى لى قائلا ^{11} ان النسر (^{v}. om.) الصاعد من البحر هو المملكة الرابعة التى راى دانيال اخوك ^{12} ولقد فسرت له كما فسرت لك فى الدفعة الاولى وانا مفسر لك هذا ^{13} وهو الله ستاتى ^{a} ايام يقوم (يقدم b) ملك على الارض يكون (ليكون ^{v}.) اشد رهبا من جميع ملوك الارض ^{14} ويملك منهم اثنا عشر ملكا متواتيين (متواترين l. متوالين .s cum) ^{15} والثانى منهم بضبط دهرا طويلا اكثرمن الاثنى عشر ^{16} وهذا تاويل الاثنى عشر جناحا التى رايت ^{17} والصوت المتكلم من وسط جنب النسر ^{18} هو لسبب (؟) يكون فى زمان لذلك الملك وفتن (فتن l.) ويقع فى غمة غلبة والضابط لا يقع بل يقوم بقوة شديدة ^{19} فاما الثمانية الاجنحة التى خرجت من تلك الاجنحة الكبار ^{20} فانه يقوم منهم ثمانية ملوك قليلى المدة مشتتى الازمنة ^{21} يملك منهم اثنان ^{22} وهذا بعد طول اجل وبحفظ اربعة الى انقضاء الوقت ^{23} والروس الساكتة ^{24} هى ان العلى فى اخر الزمان يولى ثلثة ملوك يجددون (يجددون l.) اماكنة ويطهرون الارض ^{24} وجميع سكانها بغصاصة شديدة اكثر ممن كان قبلهم وانما سموا روس النسر ^{25} لانهم يدومون الى فناء الدهر ويتمنون الاجل ^{26} والراس الكبير الذى رايت فانك (فاند l.)

12 et terra admiratione stupuit.
Et ego timui et excitatus sum horrescens et dixi menti meae: ⁴ tu his omnibus me implicasti, quia altissimi vestigia sequi quaesivisti, ut vias eius cognosceres. ⁵ Inde demissus fuit animus meus et vis mea deminuta est propter terrorem, in quem illa nocte coniectus sum, ⁶ cum a deo in illud tempus corroborari desiderarem, ⁷ et dixi: Domine, si mihi a te securitas est et ad te humilis mea precatio pervenit, ⁸ corrobora me et confirma me et doce me huius visionis interpretationem, ut cor meum et animus meus perfecta laetitia fruantur, ⁹ cum iam dignum me iudicaveris, qui cognoscerem quid ultimis temporibus futurum sit. ¹⁰ Et apparuit mihi dicens: ¹¹ aquila, qui e mari ascendit, regnum quartum est, quod Daniel frater tuus vidit; ¹² ei interpretatus sum, ut tibi prima vice interpretatus sum, et iam haec tibi interpretor. ¹² Nempe: dies venient et surget (b adveniet) regnum super terram, quod magis timendum erit, quam omnes reges terrae ¹⁴ et ex eis *(sic)* regnabunt duodecim reges, qui sibi invicem succedent, ¹⁵ et secundus ex eis per longum aevum imperium tenebit, diutius quam duodecim illi. ¹⁶ Haec est explicatio duodecim alarum, quas vidisti. ¹⁷ Voci, quae e medio latere aquilae locuta est, ¹⁸ subest: tempore eius regni seditiones erunt et cadet in summas difficultates, et qui imperium tenet, non cadet, sed in magna potentia constabit. ¹⁹ Et quod octo alae ex illis magnis aliis provenerunt: ²⁰ surgent ex eis octo reges, quorum spatium breve, tempora dissipata erunt, ex quibus duo peribunt, ²¹ et post longe quidem dilatum diem, et quatuor usque ad finem temporis servabuntur, ²² et capita quiescentia ²³ significant, altissimum ultimo tempore tres reges instituturum, qui loca definient (*l.* renovabunt) et subigent terram ²⁴ et omnes eius incolas vehementiore, quam priores, oppressione. Appellati sunt capita aquilae, ²⁵ nam manebunt ad interitum saeculi et tempus praefinitum conficient. ²⁶ Et caput magnum, quod vidisti, significat regem, qui absconditur et moritur in lecto

12 ملك يختفي بحيث يموت على فراشه ⁴⁷ والاثنان يقعان بالحرب ⁴⁸ بعضهما في بعض وبقتلان ⁴⁹ وللجناحان الذان خرجا من الاجنحة الكبار فصارا الى الراس الايمن ⁵⁰ فهما ملكان يحفظهما الرب الى الابد ويكون ـ سلطانهما مملوءا فتنة ولهما فناء كما رايت ⁵¹ والاسد الذي رايت ⁵² هو الملك الذي يحفظه العلي الى تمام الابد والاجل وهو الجائي من زرع داود فانه يشرف ويوابخ ٠ وبعطي اناس التعاليم (وبعط الناس b) وينهاهم عن ذنوبهم ويذكرهم من معاصيهم وتغريطهم وتعديهم (٢ om.) ⁵⁴ ثم ببعثهم ليدانوا ويشيبهم (ويذيقهم ٢) بما عملوا ⁵⁵ ويخلص الشعب برحمته وهم الذين هربوا مجاليهى وهو يجعلهم في راحة الى (انقضاء adde) الدهر كما قلت لك ⁵⁶ وهذا تفسير ما رايت ⁵⁶ وانت وحدك اعطيت الوحي وعلمت سراثر العلى ⁵⁷ فاكتب يا عزير كلما (ما ٢) رايت وخوطبت به واجعل ذلك في مكان خفي (٢ om.) ⁵⁸ وعرف به حكماء (اقويه ٢) شعبك ومن تعلم افهم اقويه (لقويو b) اللب واهل نعلم وحي العلى ساثرون له حافظون مفصلون بين لحق والباطل ⁵⁹ واقم (لم ٢) هاهنا سبعة ايام اخر لبوحى البك العلى ما يشاء (انشاه ٢) ⁶⁰ ثم تركي ومضى (فدخلت المدينة b add.) وسمع الصغير والكبير فقالوا ⁶¹ ما الذي الذنبنا اليك حتي تركتنا في هذا المكان ⁶² وقد استبقاك الله لنا من الانبياء مثل قطف على ٠ اثر الفطاف (اتم قطاف ٢) ومثل سراج في موضع مظلم ⁶³ وما يكفينا ما لقينا من الشراثر والامتهانات حتى تركتنا ايضا ⁶⁴ فان كنت تاركا لنا فالحريق الذي احرفت (به adde) صهيون بالنار خير لنا ⁶⁵ فانا لسنا ابر من الذين هلكوا هناك وبكوا قدامي بكاء شديدا فقلت لهم ⁶⁶ افرح يا اسراثيل وانعم يا بنو يعقوب ⁶⁷ فان

suo, ⁴⁷ et duo bello cadent, ⁴⁸ alter per alterum, et uterque interficietur. ⁴⁹ Et alae duae, quae 12 ex alis magnis provenere et ad caput dextrum venere, ⁵⁰ duo reges sunt, quos dominus perpetuo servabit, et regnum eorum seditionis plenum erit et interibunt, sicut vidisti. ⁵¹ Et leo, quem vidisti, ⁵² rex est, quem dominus usque ad consummatum tempus aeternum et diem praefinitum servabit, et is est, qui venit e semine Davidis, nam orietur *solis instar* et adveniet; * hominibus tradet doctrinas (b homines admonebit) eisque delictis interdicet * et commonefaciet eos de omittendis sceleribus et licentia et legis violatione. ⁵³ Tum eos excitabit, ut iudicentur, eisque pro facinoribus retribuet. ⁵⁴ Populum misericordia sua liberabit, eos qui miracula mea cognoverunt, et collocabit eos in quiete usque ad *finem* temporis, sicut tibi dixi. ⁵⁵ Et ea est interpretatio eorum, quae vidisti. ⁵⁶ Soli autem tibi haec divinitus exposita et dei secreta impertita sunt. ⁵⁷ Scribe igitur, Esdra, omnia, quae vidisti et coram comperisti, et colloca ea in loco absondito ⁵⁸ deque eis certiores fac sapientes populi tui et quos ingenio validos et dignos, qui altissimi nuntium sciant et huic obsequentes, huius memores, inter verum et vanum distinguentes nosti. ⁵⁹ Mane hic adhuc septem dies alios, ut tecum communicet altissimus, quae volet.

⁶⁰ Tum reliquit me et abiit (et ingressus sum urbem *male addit* b) et audierunt summi et infimi et dixerunt mihi: ⁶¹ quid erga te commisimus, ut nos in hoc loco deserueris, ⁶² dum tamen te solum ex prophetis nobis reliquum fecit deus, sicut uvam ex vindemia aut lucernam in loco caliginoso. ⁶³ Nonne nobis calamitates et vexationes, quas passi sumus, suffecerunt, ut et ipse nos desereres? ⁶⁴ si tu nos deseris, combustio, qua Sion igne deleta est, melior nobis erat, ⁶⁵ cum eis qui ibi perierunt sanctiores non simus. Et coram me vehementer plorarunt, et dixi eis: ⁶⁶ laetare, o Israel, et bono animo sis, stirps Iacobi, ⁶⁷ nam memoria vestra apud altis-

ذكركم عند العلي وللجبار حاصركم (حلشركم l.) " غير تاركم فاني مضيت الى المنشر انوح وابكي على خراب 12
صهيون وتصعصع بيت المقدس " فليرجع كل منكم الى بيته وقراره وامكث (وامكثوا b) سبعة ايام ثم اوافيكم
" فانطلق الشعب كما امرته " ورجعت الى المنشر لمجلست فيه سبعة ايام اكل زهر الاعشاب كما قيل لى
واكتفيت بذلك تلك الايام السبعة ' فلما كملت الايام رايت في الليل ؟ كان ريحاً هبت (صعدت b) من البحر 13
' لجاءته وقرا اللجج نوراً (نوراً l. وثورت اللجج b) فرايت مع صعود الريح من البحر شبه انسان " يطير على
سحب السموات وكان جميع من التفت اليه يرتعش منه ' وكل من سمع صوته ينحل مثل الشمع امام النار
' ورايت بعد ذلك اناساً كثراً يجتمعون من اطراف الارض ليقاتلوا ' فرايت جبلاً عظيماً قد انفتح
(انقطع aut انفك l.) له (v om.) وطار اليه ' واحببت ان ' ارى الارض (ارض الارض وارى للجبل v) والمكان
الذي انفتح فيه للجبل فلم ابلغ ' ورايت جميع من اراد مكابرته يرتعش منه وتخافه وان كانوا سلطوا على
مناواته ' ورايت منهم كثيراً تحته ولم يكن له سلاح ولا عدة حرب " الا انه كان يخرج من فمه مثل موج
كثر (b om.) نار ° ومن بين (ورش v) شفتيه مثل ريح تحرق (v om.) ومن لسانه مثل ريح تهب وصار ذلك كله
مستوياً " ووقع على الجبال لجاءه " فاحرق تلك للجماعة (v om.) الى ان صاروا رمماً كغبار وتراب وانتبهت في رؤياى
" فرايت شخصاً كانسان قد نزل من الجبل ودعا اليه اناساً كثيرين واصلح بينهم " ووافاه اشباه اناس كثيراً منهم
فرحون وملهم حزان ومنهم مربوطون ثم انتبهت (انتبهت v) كافل راغب الى العلي قائلاً " انت احببتنى واتيت

12 simum est et fortissimus vos congregat " nec deserit. Ego autem in locum plantis virentem
abii lugens et flens de vastata Sione et templo diruto. " Et quivis vestrum ad domum et do-
micilium redeat et manebo (b manete) septem dies, tum ad vos veniam. " Et abiit populus,
ut iussus erat, ^{31} et redii ad locum plantis virentem, et consedi ibi septem dies, flores herbarum edens, ut mihi dictum erat, his contentus illis septem diebus.

13 ^{1} Et postquam completi sunt dies, vidi noctu ^{2} quasi ventus subito e mari surgeret et
fluctus ^{3} spumarent concitati (* concitaret b), ^{3} et cum vento e mari ascendente vidi quasi hominem super nubes coelorum volantem; contremiscebat, ad quem se convertit, ^{4} et quicunque
vocem eius audivit, ut cera coram igne, resolvebatur. ^{5} Et posthac vidi homines propter multitudinem innumerabiles a finibus terrae congregari, ut eum impugnarent. ^{6} Et vidi montem
magnum ei aperiri (f. l. seiungi cf. 13, 36) et ad eum volare, ^{7} et desideravi regionem ac
locum, in quo ei apertus (seiunctus?) fuit mons, videre nec assecutus sum. ^{8} Et omnes, qui
contra eum superbire voluerunt, vidi ex eo extimescentes et metuentes, quanquam eis ut se
opponerent imperatum erat. ^{9} Et vidi ex eis multos ab eo subactos, nec ei arma erant, nec
belli instrumenta, ^{10} nisi quod ex eius ore exiit quasi fluctus multi ignis et inter labia eius quasi
ventus comburens et e lingua eius quasi ventus flans et omnia haec aequabilia fuerunt. ^{11} Et
subito cecidit super montes (OPII pro OPMII cf. syr.) et hanc multitudinem combussit, usque
dum putridi facti sunt ut pulvis et humus, et experrectus sum in visione mea. ^{12} Et vidi aliquem hominis instar, qui e monte descenderat, et ad se multos vocavit et inter eos pacem
composuit. ^{13} Et ad eum multae hominum figurae accesserunt, partem laetae, partem tristes,
partem vinctae.

Tum expergefactus sum, acsi deo supplicarem, et dixi: ^{14} tu me dilexisti et ad me venisti

13 الى فمرفتى السرائر وتفسيرها ¹⁸ فاستنحب لى الآن وفسر لى هذه الرويا ¹⁹ وقلت وبل لمن يبقى فى تلك الايام
واكثر منهم الذين لا يبلغون لانهم عرفوا ما يكون فى آخر الزمان ولم يبلغوا لذلك فالويل عليهم لانهم يحزنون
وكان خيرا لهم لو عموا ولم يأتوا الى هذا العالم الذى لا يرون فيه الفرح فقال لى ²¹ انا مفسر لك ما رايت
ومبين ما خطر ببالك ²² من ... امر لذلك الزمان بحفظ (يحفظ .l) الذين يسقطون ويكون مع الذين لهم
ايمان بالله واعمال عند العلى ²³ ولذلك طوبى للاحياء (للاحياء .l) الذين يبقون لانهم خير ممن مت ²⁴ واما
الانسان الذى رايت مرتفعا من البحر ²⁵ فهو الذى يحفظه العلى الى دهور كثيرة ليخلص من كان له وهو
يخلص من بلى ²⁶ والنار والريح التى رايت تخرج من فيه ²⁷ (.om v) وهو بغير عدة ولا سلاح ويقول قمة حقى من واقى
لقتاله ²⁸ فاذا الذاما جاء (.om v) العلى معتقدا من كان فى الدنيا ²⁹ ينتبه (بنية v) سكان الارض ³⁰ ويحاربون
بعضهم بعضا وتلاطف (ونلاحظ .l) أمة أمة ومملكة مملكا ويكون الآيات التى قلت لك ³² فعند ذلك يبدو
عبدى (فتاى b) وهو الرجل الصاعد من البحر ³³ فانا سمعت الامم صوته ودارت (دارت .l) طرقها وجرى
(وحذف .l) بينهم قتال ³⁴ وجتمع كما رايت قوم ليهادونه ³⁵ فيقوم انسان على الجلجلة التى لصهيون (بصهيون b)
³⁶ وتبنى صهيون وتنظهر لجميع من يرتها كما رايت الجبل انقطع بلا يد ³⁷ وهو فتاى الذى منكم وهو يعظ
الامم ويوبخ الناس (الامم v) باعمالهم وحشرم (وبحاسهم v) فاطمة حتى يكونوا بين يديه ° ويعرف (يفرق .l)
اهل العبادة والكذب (ويعرفوا اهل الخطوة والخبث b) ³⁸ (ويصيق عليهم بتعب الحبس ويدينهم بغير اكتراث

et me secreta eorumque interpretationem docuisti; ¹⁸ itaque mihi hodie responde et hanc visionem interpretare, ¹⁹⁻²⁰ et dixi: vae eis, qui illis diebus subsistent, et magis etiam eis, qui non manebunt, quia quod ultimo tempore fiet cognoscent nec comprehendent, et vae eis, quia tentabuntur, eisque melius erat, si caeci fuissent nec in hunc mundum venissent, in quo laetitiam non videbunt. Et dixit mihi: ²¹ ego tibi interpretabor, quae vidisti, et explicabo, quae in mentem tuam venerunt. ²² Qui ... (lacuna) res illius temporis, de custodia eorum (l. custodiet eos) qui ceciderunt et erit cum eis, quibus fides erga deum est et facinora apud altissimum sunt. ²³ Itaque beatos vivos (cod. praegnantes), qui superstites erunt! nam praestant eis, qui mortui sunt. ²⁴ Et homo, quem ascendere vidisti e mari, ²⁵ idem est, quem deus ad multa tempora conservabit, qui suos liberet, et liberabit qui superstites erunt. ²⁶ Et ignis et ventus, quos de eius ore provenire vidisti, ²⁷ dum ipse sine instrumentis et armis esset, et sola oris voce eos, qui ut eum impugnarent venissent, contereret, ²⁹ hoc sibi volunt: si altissimus veniet visitaturus eos qui in terra sunt, ³⁰ terrae incolae excitabuntur ³¹ et se invicem bello petent et populus populum et regnum regnum ° benevolentia prosequetur (f. l. speculabitur) et miracula, de quibus tibi dixi, fient. ³² Tum servus (b puer) meus apparebit, qui est vir e mari ascendens, ³³ et si populi eius vocem audient (et delendum), in orbem agentur viae eorum (consilia mutabunt) et agetur (f. l. abrumpetur s. differetur) inter eos pugna ³⁴ et cogetur, ut vidisti, evocatorum manus, ut eum debellent; ³⁵ tum surget homo super Golgotham, quae est Sionis (in Sione b), ³⁶ et Sion aedificabitur et omnibus, qui eam possidebunt, apparebit, sicut montem sine manu seiungi vidisti, ³⁷ et hic puer meus est, qui ex vobis est, et is populos admonebit et homines propter facinora coram perstringet eosque congregabit (v custodiet) omnes, ut coram eo sint, et neglegentes et menduces notos faciet (f. l. segregabit, b et iactatores et impii cognoscentur). ³⁸ (b add. et angit eos incommodo carceris eosque iudicabit sine sollicitudine et labore, quia

ولا عناء لانهم كفروا ولدخوا للشياطين وعرض المتعدين ديسحقهم (add. b وبلطمهم فى نار جهنم ويكرم 13
الذين حفظوا وصاياه ٣٩ والامة الغريبة التى رايته (٢ .om) نادلًم للصلح ٤٠ ثم (هم ٢) بقية القبائل التسع
(التسعة القبائل ٢) سبى (٢ .om). سلمانآصر ملك السريان فى ايام نسون (نسورُا يشوع .l) ملك اسرائيل
وبعث بهم الى ارض اخرى (٢ .om) خلف الامم ٤١ (om. ٢) انى نفوا البها ولم تسكن حتى سكنوها ٤٢ ولعبروا
انفسهم لعبادة الله لانهم ٠ لر يحفظوا (حفظوا ٢) عبادته ٤٣ وثم بارض القدس ٤ فاجاز٢ تم٠ مداخل الفرات ومخائصه
بصهول (بخائص الفرات ٢) ٤٤ لان العلى صنع بهم العاجب واحسن اليهم واقام المياه لهم حتى جازوا النهر
٤٥ بعد ان ساروا فى ارض ارزف (ارزون ٥) سنة ولصفا (ونصف .codd) ٤٦ واذا توافى (اتوا ف ٥) الزمن الآخير
٤٢ سيقيم لهم العلى مياه النهر حتى يجوزوا والكثرة التى رايت مسطفة (مسلطة ٢) بسكون ٤٨ قم الذين يبقون
من شعبى على جبل القدس ٤٩ بعد هلاك كثرة الامم اذا اجتمعت ٥٠ انا اريهم محائب ٥١ قلت يا رب ٠ ترى
لما لما (عرفى ايضا لم ٥) صعد هذا الرجل من البحر ٥٢ فقال لى كما انه لا يقدر احد على تتبع غور البحر
كذلك لا بـ٥ تطيع الانسان ان (٢ .om) يعرف٠ ما عندى (عبدى .l) (فتاى ٥) ولا من معه حتى يكون زمانه
٥٣ فقد حذرتك وانذرتك بنور وضوء ٥٤ لانك تركت ما كنت فيه والمقبلت على ما تعرف لى وكنت معنيا
بما نزل على شعبى من الوصايا ٥٥ ولربيت حياتك بحكمة ٥٦ فللملك اوحيبت اليك انا العلى وعرلتك انك
الخلصت للحكمة (الجامكية .l) اماما قاليت ايضا ثلثة ايام وانا اعرفك اشياء اخر ٥٧ فمضيت الى ملك المرج
(٢ .om) مسبحا ٠ مبتهلا الى الله شاكرا له (٢ .om) على ما كان من صنعه لى ٥٨ فجلست هناك ثلثة ايام

13 desciverunt et daemonibus sacrificarunt, et legis violatores contundet et conteret) eosque in ignem inferni deiciet, eos autem, qui praecepta servaverunt, honore afficiet. ³⁹ Et populus peregrinus, quem eum vidisti ad pacem vocasse, ⁴⁰ reliquiae sunt tribuum novem, quas Salmanasar rex Syrorum tempore Iosiae regis Israelis abduxit et misit in aliam terram ⁴¹ pone populos, ad quos relegatae sunt, quae habitata non erat, antequam ipsae eam habitarent, ⁴² et acriter cultui dei studuerunt, quia eum in terra sancta non coluerant. ⁴³ Et traduxerat eas per aditus et vada Euphratis in angustiis, ⁴⁴ nam altissimus eis miraculum ediderat eisque bene fecerat et aquas immotas stare iusserat, usque dum flumen transiissent, ⁴⁵ postquam per annum et dimidium per terram Arzaph profectae erant. ⁴⁶ Et si perfectum erit tempus (b venient tempore) ultimum, ⁴⁷ iubebit altissimus aquas fluminis eis immotas stare, ut transeant. Et multitudo, quam vidisti ordinatam consistere in quiete, ⁴⁸ ei sunt, qui e populo meo superstites erunt in monte sancto. ⁴⁹ Postquam multitudo populorum, si convenerint, perierit, ⁵⁰ ego eis mira monstrabo.

⁵¹ Et dixi: Domine, utinam scirem, cur iste vir e mari ascenderit. ⁵² Et dixit mihi: sicut nemo fundum maris quaerendo exsequi potest, sic nullus potest cognoscere servum (b puerum) meum nec eos, qui cum eo sunt, usque dum tempus eius erit, ⁵³ et te ut caveres praemonui et certiorem feci luce et splendore. ⁵⁴ Nam quod agebas reliquisti et ad id accessisti, quod meum esse scis, et de praeceptis, quae populo meo dedi, sollicitus fuisti ⁵⁵ et vitam tuam obtulisti (ΑΝΕΘΗΚΑΣ pro ΛΕΘΗΚΑΣ) sapienter. ⁵⁶ Ideo tecum communicavi, ego altissimus, et coram tibi explicui te obtinuisse sapientiam (l. mercedem). Itaque hic commorare tres dies et tibi alias res aperiam. ⁵⁷ Et ivi ad hoc pratum, laudes canens, deo supplicans, ei gratias agens de eis, quae mihi fecerat, ⁵⁸ et sedi ibi tres dies.

14 ۱ وبعد اليوم الثالث كنت جالسا تحت شاجرة بلوط ۲ فخرج من تحتها صوت قائلا لى يا عزير يا عزير فقلت هأنذا يا رب وقمت على قدمى فقال لى ۳ انا تراثيت لموسى فى طور سينا والشعب فى عبوديـة المصريين ٤ وارسلته ليخرج الشعب بنى اسرائيل وجئت بهم الى طور سينا وحبستت (واجلست ۲) موسى عندى (عبدى ۲) فى الجبل اربعين يوما واربعين ليلة ٥ وقصصت عليه ايات شتى واوحيت اليه سرائر وارمانا واعلمته ما يكون فى اخر ۰ الزمان وما كان فى اوائله (الاخير ۲) ٦ وامرته بما يكلم به العامة وما يكتمه ۷ وانا معرفك ۸ تفسير ما رايت ۰ فاكتب ما (فاكتمد aut فاكتم ما .l.) فى صدرك (۲ .om) ۹ لانك ستتزع من بين الناس وتكون مع عبدى الذى يشبهك على ما انت عليه الى انقضاء الدهر ۱۰ فقد جازت شبيبة الدنيا وضلالاتها (وضلالاتها .l.) ۰ ودنا الزمن الكبر والفناء (۷ .om) ۱۱ ولد قسمت الدنيا اثنى عشر جزء ونصف جزء وقد جاز منها عشرة اجزاء (ونصف جز. add. b) ۱۲ فاصلح بيتك (بنيك ۲) وحكم قومك وانعم على متضععين واكرم العلماء وابعد من حباة التلاف ۱۴ ۰ ولا تجتنب الفكر فى الموت واضرب عن كبر الناس (۷ .om) اخلع سمة (شمت b male) العنو وارفض الاضعمة التى تدنسك واسرع تغيير الزمان ۱۵ فانك قد رايت من البلايا كثيرا وسيكون اكثر منها واشد ۱٦ وما دامت هذه الدنيا وهى تنحل وتهزل ويكثر (يكثر .l.) بلاءها على ما فيها ۱۷ ۰ وبعد لخلق ويكثر الكلب والنسر الذى رايت يجى · قريبا (۷ .om) ۱۸ فقلت يا رب اثانى لى انطق بين يديك ۱۹ بان احيى واعلم الاحياء الذين هم اليوم (۷ .om) رعيتك ولكن الذين يولدون بعد هذا اليوم من الذى يعلمهم ما قد

¹ Et post tertium diem sub quercu arbore sedebam ² et sub ea vox exiit mihi dicens: 14 Esdra, Esdra. Et dixi: en adsum, Domine, et surrexi in pedes meos et dixit mihi: ³ Ego Mosi manifestatus fui in Sina monte, dum populus in servitute Aegyptiorum erat, ⁴ eumque misi, ut educeret populum, filios Israelis, eosque adduxi ad Sinam montem et detinui Mosen apud me in monte quadraginta dies et quadraginta noctes ⁵ et narravi ei varia miracula, et secreta et tempora cum eo communicavi et exposui ei, quid futurum sit ultimo tempore et quid factum priore. ⁶ Et praecepi ei, quod populo diceret et quod reticeret. ⁷ Ego autem iam te edoceo ⁸ interpretationem eorum, quae vidisti, ⁹ at scribe, quae sunt (*f. l.* occulta, quae sunt *aut* ea) in pectore tuo (*om.* v) ⁹ Nam ex hominibus tolleris et cum servo meo, qui tui similis est, eris in hac tua conditione usque ad finem temporis. ¹⁰ Nam praeterierunt iuventus et errata mundi ⁰ et tempus senectutem et interitum attigit (*om.* v). ¹¹ Divisum enim est tempus in partes duodecim et dimidiam partem et iam praeterierunt decem partes (*add.* b et dimidia pars). ¹² Itaque domum tuam (filios tuos v) dispone et populum tuum coerce et humilibus bene fac et doctos honora et cave a vita corruptelae; ¹⁴ ⁰ noli recordationem mortis declinare, averte te a fastu hominum (*om.* v), exue signa effrenationis, evita cibos, qui te polluunt, et matura temporis mutationem. ¹⁵ Iam calamitates multas vidisti, et erunt etiam plures et vehementiores. ¹⁶ Quanto diutius hic mundus dissolvitur et macescit, augentur eius mala cuique, quod in eo est, ¹⁷ ⁰ et veritas discedit, augetur mendacium. Et aquila, quam vidisti, proxime veniet (*om.* v).

¹⁸ Tum dixi: veniamne dabis, Domine, ut coram te declarem, ¹⁹ me vivos, qui hodie (*om.* v) tuus grex sunt, admoniturum et instituturum esse; at quis homines, qui postea nascentur, quae

اعلمتنى به ⁵⁰ الـ كانت العلىا موضوعا فى الظلمة وليس لها نور ⁵¹ بل قد عدم الصىّ عنها ولا حكيم ولا 14 لو راى ولا لو معرفة يقوى على تفصيل ما بين للخير والشر

... ⁵⁶ وغدا فى علمه الساعة (نذبا ٢) ابتدى (ابند .l) بالكتاب ⁵⁷ فمضيت وجمعت العاملا كما قبل لى وقلت لهم ⁵⁸ اسمعوا معى يا اسرائيل هذا الكلام ⁵⁹ سكن ابانا ارض مصر وخلصوا منها ⁶⁰ واعطوا ناموس حياة فلم يحتفظوا بد وانتم ايضا كفرتم بالله بعد اباكم ⁶¹ واعطيتم حظا فى طور سينا فلم تواظبوا عليه ولـ تكروا وصايا ربكم وامرو ⁶² ولذلك انتزع العلى منا ما كان اعطانا من الذخائر ⁶³ ولفاكم (ولفانا ٢) الى قاصى وارمى اخوتكم الى اقصى المشرق ⁶⁴ وانتم ان تطاطاتم وخضعتم لله واجبتم للحكمة فى قلوبكم حييتم ولـ تروا مكروها وبعد فانكم ايضا تخلصون من الدين ⁶⁵ فان العلى يبعث الناس كافة بعد الموت الى الدينونة ويعلى العدل والحق ويعرف اعمال الناس ٠ (وبدين (ويبين اعمال .l) المنافقين (وبروج اعمال لفطاة b) ⁶⁶ فلا تلتمسوى حتى يتم لى اربعون يوما ⁶⁷ فاخذت معى (٢ .om) لخمسة الرجال الذين وصف فى العلى ومضيت الى المرج وجلسنا كما امرى العلى ⁶⁸ ووافاق الغد صوت قائلا يا عزير يا عزير فقلت هانذا ⁶⁹ فقال لى افتح فاك واشرب ما اناولك ⁷⁰ ففتحت فاى واعطلق كاسا مملوا ماء شبيها بالنار ⁷¹ فكرمته فاقبلت اتدفق علما وتطوى فاى بالحكمة واستظهرت

14 mihi exposuisti, edocebit? ⁵⁰ nam mundus in tenebris iacet nec ei lux est, ⁵¹ sed lumine destitutus est, nec sapiens nec ingeniosus nec eruditus inter bonum et malum distinguere potest. ... ⁵⁶ et cras hac ipsa hora incipe scribere. ⁵⁷ Et profectus sum et populum congregavi, ut mihi dictum erat, et dixi eis: ⁵⁸ audite a me, Israelitae, hunc sermonem. ⁵⁹ Patres nostri in terra Aegyptia habitarunt et inde liberati sunt. ⁶⁰ Lex vitae eis data est, at eam non observarunt, et vos quoque post patres vestros a deo defecistis. ⁶¹ Et sors vobis data est in Sina monte nec in ea perseverastis nec praecepta et iussum domini vestri magni aestimastis. ⁶² Itaque altissimus thesauros, quos nobis donaverat, nobis ademit, ⁶³ et vos (v nos) huc relegavit et fratres vestros in ultimam orientis regionem expulit. ⁶⁴ Vos autem, si erga deum demissi et humiles eritis et sapientiam in cordibus vestris congeretis, vivetis nec ingrata videbitis et postea et ipsi a iudicio liberabimini. ⁶⁵ Nam altissimus universos homines post mortem in iudicium mittet et iustitia et veritas manifestae erunt, et hominum facinora cognoscentur, et impios iudicet (l. impiorum facinora ostendentur; b et facinora peccatorum perstringentur). ⁶⁶ Nolite autem me inquirere ante completos quadraginta dies.

⁶⁷ Et mecum duxi quinque viros, quos altissimus mihi descripsit, et in pratum abii et consedimus, sicut altissimus me iusserat. ⁶⁸ Et postero die vox ad me venit dicens: Esdra, Esdra, et dixi: adsum. Et dixit mihi: aperi os tuum et bibe, quod tibi porrigam. ⁶⁹ Et os meum aperui et dedit mihi poculum plenum aqua ignis simili, ⁷⁰ et sorpsi et scientia redundare incepi

Fragmentum e codice Berolinensi Sprengeriano XXX sumptum.

وقد قال العزيز فى كتابه الاول ان الملك ناداه وقال له ⁶⁸ يا عزير افتح فاك واشرب الشىء الذى اسليك قال ⁶⁹ ففتحت فمى فرايته انه يدفع الىّ كاسا مملوءا شبيها مثل الماء الا ان صورته كانت شبيها بالنار ⁷⁰ فتناولتها فشربتها قبينا انا اشربها الما قلبى ينبخ الفهم وصدرى يتاجش للحكمة وروحى تحفظ الذكر

Esra in primo suo libro dixit, angelum se vocasse sibique dixisse: ⁶⁸ Aperi, Esdra, os tuum et bibe rem, quam tibi potum praebebo. Dixit: et aperui os meum et vidi eum mihi porrigere poculum plenum re aquae simili, nisi quod specie ignem referebat. ⁷⁰ Idque accepi

14 روحى الذكر (الفكر ٢) " ودام انفتاح فى " ووهب الرب (٢ .om) " للرجال للخمسة الذين كانوا معى للحكمة وبدءات القصص (بالاخبار ة) واخذوا اولئك للخمسة نفر (الانهار) يكتبون ما اقول لهم وكانت كتابتهم غريبة لم يكتب مثلها البتة (قبلهم ة) احد لأن هذه وهبة العلى لهم من للحكمة التي خصهم بها " وجلسنا هناك اربعين يوما ناكل فى الليل والقصص انا عليهم بانهار " وهم يكتبون ما امليهم بسلام من الرب امين والسبيح لله دائما ابدا كمل كتاب عزرا المدعو العزير بمنة الله سبحانه وبعونه له الجد دائما (تم كتاب عزرا الأول ة)

et os meum sapientiam prolocutum est. et animus meus retinuit rei memoriam (v cogitatio-14 nem), " et os meum apertum manebat. " Et dominus quinque viris, qui mecum erant, peritiam dedit et coepi referre et illi quinque homines susceperunt scribere, quae eis dicerem. Et scriptio eorum mira erat, qualem nunquam quis scripserat, quia haec peritia donum erat altissimi, quam sibi propriam haberent. " Ibique sedimus quadraginta dies, noctu cibum capientes et die ego eis retuli, " ipsis quae dictabam scribentibus.
Completus est Ezrae, qui Uzair dicitur, liber (b Finem habet Ezrae liber primus).

" فانفتح فمى ولم يتخلى " والها الروح قد اعطى اولئك للخمسة الرجال فهما فطفقوا يكتبون الاقاويل التي انطق بها بالنبوات .بخط للحروف التي لم يكونوا يحسنونها لمجلست ثم اربعين يوما بالنهار كانوا يكتبون " وبالليل كانوا ياكلون خبزا فقط فانا انا فكنت اتكلم بالنهار ولم اكن احدا بالليل " وكتبت فى هذه الاربعين اليوم (sic) اربعة وتسعين كتابا " واند لما تمت الايام الاربعين كلمى العلي وقال لى خذ من هذه الاربعة والتسعين انكتاب التي كتبتموها فاعزل ٢٤ كتابا فضعها فى اعلانها ليقرا فيها الذين يستحقلون من الشعب " واما السبعون الكتاب فتحفظها وتدفعها الى حكماء قومك " فان فيها عروق البر والفهم وينبوع للحكمة والعالم والنور " فعلت كذلك فى سنة سبع من الاسبوع السادس ومن بعد خمسة الف سنة وثلثة اشهر واثنين وعشرين يوما " تخطف العزيز فانطلق به الى بلدة الذين يشاكلونه من بعد ان كتب هذه الامور كلها "ه وبذلك سمى كاتب علم الرب الى الابد

et bibi et dum bibo, en cor meum scientia scaturit et pectus meum sapientiam emittit et animus meus memoriam conservat " et os meum apertum erat nec clausum. " Et spiritus dederat illis quinque viris intellectum et scribere inchoarunt dicta, quibus eis vaticinia praelbam, litterarum forma, in quibus exercitati non erant, et sedi ibi quadraginta dies; interdiu scribebam " et nocte tantum panem edebant. Ego autem die loquebar nec tacebam nocte, " et scripti sunt his quadraginta diebus nonaginta quatuor libri " et postquam quadraginta dies completi sunt, altissimus mecum locutus dixit mihi: sumptos ex his nonaginta quatuor libris, quos scripsistis, separa viginti quatuor libros eosque publici iuris fac, legendos eis, qui ex populo digni sunt. " et septuaginta libros recondes et sapientibus civium tuorum trades. " In eis enim sunt venae pietatis et intellectus et scaturigo sapientiae et scientiae et lucis *(legit igitur ܗܘܐ cum cod. Ambros.).* " Et feci sic. Septimo septimanae sextae anno et post quinque milia annorum et tres menses et dies duos et viginti " abreptus est Esdras et in regionem eorum, qui eius similes sunt, ductus, postquam haec omnia scripsit. " Ideo nominatus est scriba scientiae domini in aeternum.

Uberiori annotationi, qualem ad explicanda singula et comparandos reliquos interpretes opusculum
poscere videtur, locus hic non est; nonnulla tantum addo, quae reliqua pagina capit. — P. 1 v. 8. Iam
bibliorum editionem omnium primam a Gutenbergio annis 1450—55 paratam, XLII versuum, quae vulgo
Mazarinaea dicitur (apud Hainium 3031), librum Esdrae quartum continere testes sunt Merkel *Vers. seltner
Incunabeln in Aschaffenburg. Asch. 1832. 8. p. 7* et de exemplo Parisino Schaab *Gesch. d. Erfind. der
Buchdruckerkunst. Mainz 1830. 8. I p. 274.*
P. 1 v. 11. De vetustiorum conatibus librum intellegendi nonnulla eis, quae ab aliis hic illic dicta
sunt, addo. In censum veniunt imprimis quae praebent codicis sacri editiones variis linguis ad vulgarem
usum accommodatae, quarum numerus maior, quam in libro ab omnibus ecclesiis reiecto putaveris, Esdrae
prophetiam continet. Ei, qui hanc rem penitus tractaturus est, ampla editionum copia opus erit; ego ea
tantum tradam, quae mihi oculis occupare contigit. Ipsa Latina verbis mutatis magis perspicua facere studuerunt primum, qui biblia Froschoveri Turic. 1543. f. paraverunt, quorum vestigiis institerunt R. Stephanus
Lut. 1545. 8. et Wechelius Hanov. 1605. 4., tum Seb. Castallo Basil 1554. 1556. f. cet., qui paucas anno-
tationes adiecit, tandem Hadr. Iunius Hanov. Wech. 1596. f. cet. 1624. f., qui additis scholiis 'deliria ut
commenta' castigat. In inferioris Germaniae dialectum translatus liber legitur in editione Lubecensi 1494. f.;
nec tamen in ullam superiorum provinciarum lingua ante Lutherum emissam receptus est. Postea apud
nostrates duae translationes fuerunt, quae singulis verbis sensim et paullatim mutatis et novatis ubique
repetebantur. Antiquior est illa, quae primum legitur in bibliis Turicensibus 1527—29. 8., iterata in editione Vormatiensi Schoefferiana 1529. f. et saepius. Hanc sibi sumpserunt interpretes catholici Eckius
Ingolst. 1537. f., Dietenberger Mog. 1540. f. et saep., Ulenbergius Colon. 1630. f. cet., inter reformatos
retinuit Piscator Hanov. 1605. 4. Duisb. 1634. 8., receperant Lutherani multi, imprimis Wolder in Bibl.
quadril. 1596. f., seorsim edita est Halis Sax. 1620. 4. ex exemplo Francof. 1569. f. Altera primum quantum
sciam in editione Dan. Crameri Argent. 1619. 4. apparet, repetita in bibliis, quae Vimariensia dicuntur,
Norimb. 1641. f. et saepius atque hic scholiis multis illustrata, tum in aliis e. gr. Wittenb. 1664. f.,
Ff. Falckeysen 1868. f., et nostro saeculo seorsim (*Anhang zu den apokr. BB. des A. T. Sulzbaci 1835. 8.*)
typis descripta. Belgicas conversiones tres novi inter se diversas, primam in bibliis Antverpiensibus ap.
Guil. Vorstermann 1514 (sic; V. T. 2 Febr., N. T. 1 Aug.; insunt privilegia Caroli V 1530 et civitatis Antver-
piensis 1528 data), secundam in edit. Harlingensi 1585. f., tertiam in bibliis publice comprobatis Lugd. 1637. f.
et deinceps in lucem emissis. Francogallica una est ab Olivetano confecta primum in bibliis Neocomi 1535. f.
edita, deinde saepissime verbis tantum interdum paullulum mutatis repetita, e. gr. Genev. 1563. f. ubi scholia
addita sunt, ab I. Diodatio Gen. 1644. f., in editionibus Osterwaldi Neoc. 1744. f. Gen. 1805. f., et Martinii
Amst. 1707. f. Hispanicam dedit Cassiodorus Reyna [Bas.] 1569. 4., quam non mutatam iteravit Cyprianus
de Valera Amst. 1602. f. Italica I. Diodatii 1607. 4. cum Gallica fere concordat. De Anglicis iudicare non
possum: primam confecit Coverdalius, sed neque hanc neque eam, quae in bibliis ab ecclesia Anglicana comprobatis invenitur, inspicere potui. Quanquam igitur liber toties editus a multis sine dubio et saepissime
lectus est, rarissime tantum commentarii seorsim scripti et separatim vulgati sunt. Eius generis opus satis
prolixum, quod olim Io. Frid. Mayeri theologi Gryphisvaldensis an. 1712 defuncti fuit, penes me est, a librario
quidem exaratum, sed auctoris ipsius manu multis locis auctum et correctum. Eum nominant verba ad pro-
oemii exordium in margine posita: *D. Iohannis Rungii commentarius in 4. Esdrae conscriptus ab anni 94
Calendis Novembr. ad Idus mensis Decembr.* (si ultima duo vocabula recte lego). Annus, ut ex ipso opere
patet, est 1594, at eius nominis theologum Lutheranum acerrimum libri Concordiae asseclam alibi comme-

moratum non invenio. Paginas 609 formae binariae implet commentarius, in quo scriptor, non dubitans quin liber revera ab Esdra compositus sit, ea ratione, qua tunc apocalypsin intellexerunt et etiamnum in sanctorum seccessu intellegunt, res futuras adumbratas esse putavit. Exemplum exhibeo. Aquila est regnum Romanum, alae pennarum, cum ala unica penna constare non possit, 'sed ad minimum tribus praegrandibus opus habeat', ternos imperatores significant, ita distribuendos, ut prima penna indicentur Caesar, Pompeius, Crassus, secunda Augustus, Tiberius, Antonius, tertia Caligula, Caius, Nero, duodecima Diocletianus, Maximinus et Constantius. Subalarium una, quae erecta erat (11, 26), orientale imperium inde a Constantino, altera occidentale Honorii et Valentiniani significat; duae, 'quae superaverunt' 11, 28, sunt externae gentes, Gotti et Longobardi. unum quiescentium capitum 11, 29, quod erat medium, est imperium Romanum inde a Carolo M., qui subalares duas Gottos et Longobardos devoravit, 'nec comparuit', cum eius successores contabescerent. Ex reliquis duobus capitibus dextrum pontificis thronum sistit, idque laevum, imperium Germanicum, devoravit Henrici IV tempore. Eodem modo in oriente primum caput significat imperium Byzantinum, quale usque ad Nicephorum fuit, dextrum Muhammadem, laevum Byzantios posteriores inde a Nicephoro, a Turcis denique devictos. Leo rugiens vocem evangelii pingit cet. Mulier ecclesia est, et quod triginta annis sterilis fuerit, indicium est, quovis trigesimo anno post sterilitatem magnum aliquid accidisse, e. gr. post Lutherum 1517 bellum Germanicum anni 1547, formulae Concordiae initia a. 1577, unde anno 1607 ingentem rerum humanarum perturbationem exspectat. Haud absimilis est oraculorum explicatio, quam Abr. Bartolus dedit in libro: 'Aquila Esdraea' 1621. 4. s. l. edito, qui e. gr. et ipse duodecim alas de duodecim imperatorum a Caesare usque ad Theodosium ordinibus intellegit et praenuntiata putat, quae inde ab anno 1621 eventura sint.

P. 1 v. 19. Certo certius est et e quovis versu apparet, librum Esdrae quartum, qualis in bibliis Armeniis ab Uskano Amstel. 1660. 4. editis et Petropoli 1815. 4. repetitis legitur, e vulgata Romana et ab ipso quidem Uskano, ut tradunt Mechitaristae in edit. bibl. a. 1805 p. 1 appendicis, esse translatum.

P. 3 v. 26. Tha'labii narratio haec est: Esdras in montibus desertis commorato (9, 23. 26. 10, 51) et questo, quod deus Israelitis nullum in vita reliquerit doctum (cf. 14, 18—21), prope sepulchra mulier apparet mariti nutritoris mortem deplorans (9, 38). A qua, solatium allaturus, quaerit, quis eam ante maritum aluerit, et cum deum nominet, respondet, deum vivere nec mori. At illa argumentum retorquet: quis ante doctos populum docuit, nisi deus, qui non moritur? Tum se non mulierem, sed mundum esse aperit (10, 27). In loco, ubi Esdras precatur, fons scaturit et arbor crescit, cuius fructibus vesci iubetur (9, 24. 12, 51?). Tandem senex in eius os indit prunam magnam, compactam instar lagenae, qua re fit, ut scientia impleatur (14, 39. 40).

Cap. 3, 21. کُلَى voci, etsi in libro plerumque usitatam *deliberandi*, *cogitandi* vim habet (1, 22. 2, 1. 4, 16. 7 b 39. 46. 9, 38. 10, 36). nonnullis locis 3, 21. 22. 4, 4 (ubi apud Latinum et reliquos legitur *cor malignum*) singularis subicitur notio, quam aequat fere יֵצֶר הָרָע, διαλογισμοὶ πονηροί, *inclinatio ad malum*, *peccatum originale*, unde restituenda fuit etiam 7 b 65, quo loco Latinus et reliqui praebent *cogitamentum malum*. Quod si displicet et varia lectio کُلَى praefertur, hoc loco 3, 21 apud b pro اِرَادَتِكَ legendum erit اَرَادَتُكَ *voluntati tuae non obedierat*. — 5, 2 et 6, 24 pro تَتَكَمْ locis non apto scripsi تَحْكُمَ, cum ἐξουσιάζειν et ἐξισιάναι praeter نَهَى et بِهَتَ reddi soleant formis radicis حكم Ies. 16, 3. 42, 14. 52, 14. Ier. 4. 9. 5, 30. 9, 10 (sic lege). 18, 6. 26, 11. Ez. 27, 35. 32, 10. Hos. 11, 11. Act. 3, 10. 8, 13 Pol. Quaerendum est, an etiam تَتَكَبَّرُ 4, 2 ita mutandum sit. Certe alter Arabs illo loco et 6, 24 حكم praebet. — 5, 35. Emendatio non ab omni parte placet. Apud Syrum lege ܡܛܠ quare non possum. — b, 50. Paullo plura, quam reliqui interpretes, Arabs hic praebet, sed ita comparata, ut genuina videantur. — 6, 24. أَقْبَلَ, quod ter vulgari *alacritatis* et *exsultandi* vi (وَارْتَاحَ) نَشَطَ Zam. ad Navâb. *Journ. As.* 1876 VI 319. Har. ۱۸۸, 1. ۱۸۴, 1 ed. pr.) in libro legitur de *herbis* (ut súr. 22, 5 — 41, 30) 9, 16. de *iuventute* 4, 10, de *fide* 7, 83 et quod restituendum videtur 10, 21, huic loco, quanquam ab utroque codice exhibitum, prorsus contrarium est. — Nec minus a loco 6, 26 اَمْثَالِهِمْ ايدى من, quod v habet. aut اَمْتِهِمْ ايدى من, quod b habet, prorsus aliena sunt. Conicere fortasse licet, ea depravata esse e سُوَى مَسَاتِهِمْ *sine morte eorum*, deinde autem librarium aliquem esse opinatum, ubi adsint matres, etiam اضْفَال *infantes* abesse non debere. — 6, 36. 10, 31. مريض pro ταράσσειν, ἐκταράσσειν habes etiam in psalmis Abdallae ibn Alfadhl 17, 5. 82, 16 (ubi Tuki قلق). 118, 60 (ubi Sal. Negri اضطرب). Male legitur Ez. 27, 35 Pol., ubi صبس restituendum est. — 7, 36. Formae تلاف (7 b 21. 69. 7, 43. 10, 11. 14, 13; in b semper est تلف 7 b 69. 7, 48. 14, 18), quam tacent lexica et de qua verbum dixit M. I. Mueller *Philos. und Theol. des Averroes übst. p. 50*, certum exemplum metro confirmatum est apud Ibn Khallikânum ۱۳۲٦, 17 Slane, III ۱۴۴ penult. Wuestenf., aliud apud Ibn Al'arabi محاضر الابرار I ۱۲۲, 17 ed. Qâh. 1282. Alia ratio est loci apud Maqqarium I ۱۳۳, 10. — 7 b 4—15. Quod apud alterum Arabem legitur vocabuli monstrum لنافس vel انافس, ortum est e voce quranica اضبر, quam etiam habes apud Maid. 1, 118. Harîr. Durrat. 56, 8. Ǵauh. s. v. ضمر. — 7 b 49. Variis ad reddenda verba اِ εἴρον χάριν vocabulis utitur interpres: اهل 4, 44. 5, 56. اِلا 6, 11. مرتبة 8, 42. دَالَّة 7 b 77 (ut Act. 7, 46 Pol.) *familiaritas*, quod, quanquam iam apud Arabes confusio orta videtur, distinguendum est a دالة, idem atque علانية et مجاهرة significante; aliis hic χάρις plerumque est نعمة aut رحمة, Saadiae in pentatencho حظ, cui in codice Leidano a LAGARDIO edito semper substituitur مودة. Quae hoc loco leguntur in 7 نجمة نمية, in b نَجِمَة et 12, 7 in 7 نَجمة singularia sunt. Illud *(incrementum)* verbis مرتبة et حظ simile de auctoritate intelligitur, نَجِمَة explicatu difficilius, eandem atque دَالَّة participii formam referens, *incolumitatem dicendi, sermonem periculo vacuum familiarem* (cf. نجوى et مناجاة) designare videtur. — 7 b 62. Qui apud alterum Arabem in cod. b ينسلون scripsit, voluit ينسبكون, et qui in cod. Vat. ينصلبون, fortasse ينسكبون. 11, 40 زبرانية inauditum alias vocabulum fortasse ad زَجِر *iratus* referendum est. — 13, 2. Cum غراوى *spuma* idem sit atque رَغاوى, litterarum commutationem etiam hic statuendam putavi. — 13, 11. Post وانتبهمت addatur (7 وانتهيت).

Tandem data hac occasione, cum de codicibus Latinis Parisiensibus ad me provocasse sit, addo inter bibliothecae Nationalis bibliorum codices, quos omnes perlustrare licuit, me duos tantum reperisse, qui librum Esdrae quartum contineant, alterum n. 26 signatum saeculo XIII ascriptum, quem totum contuli, sed ceteris non praecellere comperi, et cod. 31, male exaratum, quem ex parte comparavi nec ampliore opera dignum censui. Similiter inter omnes, qui anno 1850 aderant (27 ni fallor), Regiae bibliothecae Berolinensis codices duos solummodo inveni, alterum inter theologicos Latinos n. 9 notatum membraneum formae maximae saeculi ut perhibetur XIV, sed ut mihi videbatur XIII, qui inter omnes e Sangermanensi derivatos optimus est multasque meliores lectiones servavit, alterum n. 6 vol. II designatum, anno demum 1512 in membranis scriptum, omnino igitur neglegendum.